KB096079

萬事知

【 만사지 】

⊙ 증산도상생문화총서 25

영성문화의 결실, 만사지

발행일   2015년 5월 26일
지은이   유 철
펴낸곳   상생출판
주소   대전광역시 중구 중앙로 79번길 68-6
전화   070-8644-3156
팩스   0505-116-9308
홈페이지   www.sangsaengbooks.co.kr
출판등록   2005년 3월 11일(제175호)

ISBN 979-11-86122-00-6
     978-89-957399-1-4(세트)

【만사지】

萬事知

유 철 지음

상생출판

서언

> 이 문명(현대문명)은 다만 물질과 사리事理에만 정통하였
> 을 뿐이요, 도리어 인류의 교만과 잔포殘暴를 길러 내어
> 천지를 흔들며 자연을 정복하려는 기세로 모든 죄악을
> 꺼림 없이 범행하니…(『증산도 도전』 2:30:9[1])

　과학만능주의 사회, 우리는 현대를 그렇게 부른다. 왜 그렇게 부를까? 과학이 우리 삶의 모든 면에서 혁신을 가져오고, 편리함을 주고, 건강과 생명을 주기 때문일 것이다. 그러나 물질주의를 지향하는 과학은 많은 부작용을 낳기도 하는데 자연의 황폐화가 가장 큰 문제이다. 지난 몇 세기의 과학문명은 수만 년 동안 유지되어온 하늘과 땅과 물과 공기를 병들게 하였다. 원자력은 많은 장점에도 불구하고 자연과 인간을 파괴하는 무기가 되기도 하였고, 원자력 발전소가 큰 재앙의 진원지가 된 것도 보았다. 이대로 간다면 최소한 50년 안에 지구는 어떤 생명체도 살아갈 수 없는 죽음의 행성이 될 수도 있다.

　그렇다면 그 해답은 무엇인가? 더 발전된 과학으로 현대 과학의 단점을 치유하는 것인가? 이것이 불가능함은 지금까지의 역사가 증명한다. 만일 그것이 가능했다면 지금 현대 사회는 아무런 불안도 위험도 파괴도 없는 완벽한 사회가 되었을 것이다.

---

1) 증산도도전 편찬 위원회, 『증산도 도전』, 서울: 대원출판사, 2003. 이하 (편:장:절)로만 표기함.

따라서 과학과 이성이 그 해답이 아님은 분명하다.

　이러한 문제점을 예견한 사람들은 과학의 몰가치적 진보를 근본적으로 규제할 수 있는 새로운 문명을 모색하고 있다. 생태주의도 그 중의 하나이며, 신과학주의도 같은 방향을 바라보고 있다. 특히 감성과 이성의 분석을 넘어서 영성의 통일시대를 지향하는 사람들은 앞으로 우리가 살 세상은 영성의 시대가 되어야 한다고 말한다. 이성 중심의 기계적 분석과 양적 확산에서 벗어나야 한다는 것이다. 이러한 모든 움직임은 지금까지의 과학주의가 몰고 온 위험한 세상, 불안한 시대를 벗어나기 위한 불가피한 선택이 아닌가 싶다.

　영성의 시대, 깨달음의 삶이 절실히 요구되는 것은 단지 종교와 신앙을 위해서만은 아니다. 눈에 보이는 물질만이 전부라고 생각하는 것, 인간은 그저 계산하고 추리하는 존재라고 믿는 것

사고 당시 우크라이나 체르노빌 원전

에서 벗어날 때 병든 세상이 주는 고통의 소리가 들릴 수 있기 때문이다. 우리가 사는 세상이 원자로 구성된 물질과 그 물질을 조작하여 새로운 물질문명을 만들어가는 과학적 인간, 이 둘만의 세상이 아니라, 제 3의 존재와 제 3의 인간이 함께 하는 것임을 깨달을 때 세상을 대하는 우리의 태도와 삶이 달라질 것이기 때문이다.

지금까지 우리는 이것을 부정해왔다. 과학적으로 접근할 수 없기 때문에, 이성적으로 납득할 수 없기 때문에, 심리적으로 무가치하다고 믿었기 때문이다. 이것이 과학지상주의이며, 나아가 과학독단주의이다. 과학이 모르는 것은 틀린 것이며, 과학이 증명할 수 없는 것은 존재하지 않는 것이라는 생각에서 벗어나야 한다. 계산하던 머리를 비우고 쾌락주의적 태도에서 벗어나야 한다. 보이는 세계 그 너머를 보아야 한다. 지성의 시대를 반성하고 영성의 시대를 맞이해야 한다.

이 글은 인식론에 속한다. 인식론은 인간의 지식에 관한 학문이지만, 일반적으로 과학적 지식에 한정되었다. 그 이유는 감성과 이성만을 인식의 능력으로 받아들이기 때문이다. 우리는 감성과 이성으로 접근하고 판단할 수 있는 것에 대해서만 알 수 있는 것이라고 말하면서 그 이외의 것에 대해서는 - 예를 들어 신의 존재, 초월적 자아, 선의 경계 등등... - 부정하거나 침묵한다. 이것은 그 밖의 영역에 대해서는, 그 존재를 부정하지는 않지만, 인식의 대상은 아니라고 생각하기 때문이다.

필자가 이 글을 쓴 이유는 감성과 이성의 세계와 함께 영성과 영성이 열어주는 세상의 가능성을 모색하기 위해서이다. 이 말은 감성과 이성으로 파악할 수 없는 것에 대해서도 인식할 수 있는 가능성을 모색한다는 말이다. 그 말은 인간 인식의 새로운 기능으로 영성을 인정하고, 영성으로 받아들이는 대상에 대한 정보를 인식론적으로 검토하자는 뜻이다. 그렇다고 필자가 영성의 눈이 밝아서 그 모든 것을 보고 있다는 말은 결코 아니다. 단지 인식론의 근본 문제들을 차근차근 분석해보고, 나아가 제3의 인식기능과 그 대상에 대한 다양한 의견들을 검토함으로써 앞으로 우리가 나아가야 할 길을 모색하는 것이다.

지금까지의 삶이 과학적 결정론이었고, 과학적 오만이었고, 과학적 파괴였다면, 이제 앞으로 우리가 살아야 할 미래의 삶은 과학주의의 한계를 극복하고, 그 부작용을 치료하면서 새로운 삶의 방식과 희망을 열어나가야만 한다. 이것은 물질주의의 극단에 선 우리에게 선택의 문제가 아닌 필연의 문제이다. 왜냐하면 위기와 파멸의 미래를 조화와 희망의 미래로 만들기 위해서는 반드시 방향을 바꾸어 과학과 자본 그 너머를 볼 수 있어야 하기 때문이다.

필자는 이 글에서 삼 단계를 거쳐서 목적지에 도달하고자 한다. 그 삼 단계는 우리 인식의 세 가지 방식, 그리고 그 대상과 상관적이다.

첫째는 지금까지 인간의 삶을 좌우했던 과학적, 학문적 지식의 기원과 한계를 분석하는 것이다. 과학적 지식은 본질적으로 경험에 바탕을 둔다. 그리고 경험을 바탕으로 한 논리적 추론을 통해 새로운 인식을 구성한다. 필자는 이 첫 단계의 인식이 갖는 특성을 '추론推論'으로 규정한다. 이 추론에는 귀납적 추론과 연역적 추론 모두가 해당한다.

두 번째는 비추론적 인식의 가능성을 살펴볼 것이다. 인간은 추론 이전에, 혹은 추론을 떠나서 새로운 것을 인식하는 수단을 갖는데 이를 '직관直觀'이라고 부른다. 사실 직관은 철학과 종교에서, 앞의 추론적 인식과는 완전히 다른 인식능력으로 받아들여졌다. 문제는 직관은 인식을 위한 어떤 전제나 바탕 없이 즉각적으로 우리에게 주어지는 인식이어서 그것의 진리성을 확보하는 어려움이 발생한다는 점이다. 필자는 경험적으로, 이성적으로, 종교적으로 발생하는 직관에 대해서 검토하면서 직관의 인식론적 본성을 살펴볼 것이다.

세 번째는 '깨달음'이다. 지금까지 인간 인식의 특별한 경지를 상징하는 깨달음은 그 존재가 명확히 확인되지 않았고, 그 방법도 보편적으로 정해진 것이 없었다. 그저 풍문으로 '그런 경지가 있다더라, 혹은 그런 사람이 있었다더라'는 식으로 있는 듯 없는 듯한, 인식과 비인식의 경계로 여겨졌다. 그것은 과학주의가 지배하는 이 시대의 흐름에서 어쩌면 당연한 것이었다. 필자는 세 번째 단계에서 깨달음이 무엇인지, 그 기원과 대상과 방법이 무엇인지 검토할 것이다.

사실 이 글은 깨달음이 존재하는가? 하는 물음에 답하기 위한 것은 아니다. 오히려 이 글의 목적은 과학주의를 벗어나 영성과 깨달음이 존재한다는 것을 보여주는 것이고, 영성과 깨달음을 통해서 새로운 세상을 만들어 나가야 한다는 것을 주장하기 위한 것이다. 깨달음이 목적이 아니라 깨달음을 통해서 가능한 새로운 인간과 그 인간이 만들어 갈 세상을 위한 것이다. 그리고 그 해결책은 증산도의 '만사지' 사상에서 찾을 수 있었다.

비록 짧은 글이지만 긴 여운으로 남을 수 있다면 더 이상 바람이 없을 것이다.

2015년 2월 유 철

목차

만사지 문화를 꿈꾸며

버트란드 러셀B. Russell은 자신의 저서 *"The problems of Philosophy"* 의 첫 주제인 〈현상과 실재〉를 다루면서 다음과 같은 말로 시작한다.

> 이치를 아는 사람이면 누구도 의심할 수 없을 만큼 확실한 지식이 이 세상에 있는가? 이 물음은 얼핏 보기에는 어렵지 않은 듯하지만 사실은 모든 물음 중에서 가장 어려운 물음의 하나이다. 이 물음에 직접적이고 확신 있는 대답을 하려고 하다가 마주치는 여러 가지 장애를 깨닫게 되면 우리는 제대로 철학 연구를 시작했다고 할 수 있을 것이다. 철학은 이러한 궁극적인 물음에 대답하려고 하는 시도에 지나지 않기 때문이다. 그렇다고 해서 우리가 일상생활에서 또는 과학에서조차도 그렇게 하는 것처럼 부주의하게 독단적으로 대답하려는 것이 아니라 이러한 물음을 어렵게 만드는 모든 것을 조사하고 우리들의 일상 관념에 잠재하는 온갖 애매성이나 혼란을 자각한 다음에 비판적으로 대답하려고 하는 것이다.[1]

----

1) B. Russell, *The problems of Philosophy*, 황문수역, 『철학이란 무엇인가』, 서울: 문예출판사, 1989, p. 7.

러셀의 말은 필자가 이 글을 시작하는 시점에서 꼭 필요한 말이다. 이 글의 주제는 앎의 여러 가지 종류와 그 기원과 한계를 다루는 것이기 때문이다. 특히 필자는 여러 가지 인식 중에서 지금까지 인식론의 영역에서 소외되었던 '깨달음', 그 중에서도 '만사지'의 기원과 본성을 규명할 것이기 때문에 러셀의 문제의식과 목적에 동의하는 바이다. 더 나아가 최고의 깨달음이라 할 수 있는 만사지를 이룬 새로운 인간의 모습 또한 그려보려 한다. 우리는 지금부터, 러셀이 말하는 것처럼 어렵지 않은 듯 하지만 사실은 가장 어려운 물음을 다루려고 한다.

인간은 태어나면서 외적 세계에 던져지며, 그 던져짐은 관계 맺음이다. 이때 그 관계의 주체는 나이며 객체는 나를 포함한 모든 것이다. 즉 나는 태어나는 순간부터 존재하는 모든 것들에 대해 어떤 관계 속에 놓여 있다. 부모 형제간의 혈연적 관계, 이웃과의 사회적 관계, 국가와의 정치적 관계 등등... 이 중에서 모든 존재의 본질과 현상이 나에게 미치는 정보와 관련된 관계에 한하여 인식론적認識論的 관계라고 부른다.

인식(episteme)이란 내가 어떤 대상을 감각하거나 사유할 때, 그 감각과 사유를 통해 얻어지는 모든 정보를 총칭하는 것이다. 우리는 그 정보를 좀 더 일상적 용어로는 '앎(知識, knowledge)'이라고 한다. 삶은 그래서 앎과 분리될 수 없으며, 그 무언가를 안다는 것, 알아간다는 것은 '삶을 사는 것'과 같다. 이러한 앎의 작용은 본능과 함께 나를 살아가게 하는 두 개의 원초적인 힘이다.

철학이 시작된 이래 앎에 관한 분석적, 체계적 논의가 시작되었고, 이로부터 인식론認識論[2]이 하나의 학문적 분과로 나타났다. 물론 그 이전에도 인식은 있어왔다. 하지만 체계적으로 이성적 사유를 통해 세계와 세계의 인식 문제를 다루기 시작한 것은 철학哲學(philosophy)이다.

철학의 아버지 탈레스Thales는 우리가 살아가는 세계의 본질이 무엇인지 알고자 했다. 즉 세계를 인식의 대상으로 삼은 것이다. 그 결과 그는 여러 합리적 근거를 가지고 세계를 구성하는 가장 근본적인 요소를 '물'이라고 주장했다. 이러한 발상은 매우 중요한데 왜냐하면 그 이전에는 세계에 대한 관점이 신화적이었기 때문이다. 그래서 철학으로 인해 인간의 인식이 신화에서 과학으로 전환되었다고 말하고, 이로부터 인간의 이성이 세계를 이해하는 중요한 수단으로 등장하게 된다.

탈레스(B.C. 6~7세기)

그 이후 철학적 인식의 대상은 다양하게 변해왔다. 세계, 인간, 자연, 도덕, 신, 자아, 자유 등등... 이러한

----

2) 인식론(Epistemology), 혹은 지식론(theory of Knowledge)은 인식에 관한 철학적 분과이다. 인식이나 지식의 본성과 그 대상, 인식의 주체에 관련한 학문적 접근이 바로 인식론이다. 인식론은 개별 과학과 다른데 개별 과학이 그 고유의 주제를 가진 이론적 서술이라면 인식론은 모든 개별 과학들의 학문적 방법의 근원을 다룬다.

모든 대상들은 인간의 경험과 사유의 대상이며 그 인식 대상에 대한 인식 방법들 또한 다양하다. 과학적 방법, 종교적 방법, 철학적 방법 등등... 또 철학적 방법 내에서도 경험적(empirical) 방법, 합리적(rational) 방법, 선험적(transcendental) 방법, 현상학적(phenomenal) 방법, 유물론적(material) 방법 등등 다양하다.

그러나 철학은 이 다양한 방법을 인간 인식 능력의 차원에서는 두 가지 요소로 도식화 한다. 즉 간단히 말해서 인간이 그 무언가를 안다고 할 때, 그 앎의 두 수단은 결국 감각(sense)과 사유(thought, 생각)이다. 전자는 감성(sensibility)의 능력이고, 후자는 이성(reason)의 능력이다. 감각은 몸을 매개로 하여 외부 대상에 대한 정보를 받아들이는 능력이라면, 사유는 정신을 매개로 하여 어떤 주어진 정보를 추리하고 종합하는 능력이다.

예를 들어 한 송이의 장미가 있을 때, 나는 감각을 통해 붉음, 향기, 크기, 차가움... 등등의 경험을 한다. 그러나 그 각각은 단지 감각을 통한 단편적 사실들 - 이를 철학에서는 감각자료(sense data)라고 한다 - 의 나열일 뿐이다. 그것이 하나의 관념(idea) 혹은 개념(concept)이 되기 위해서는 사유 작용이 필요하다. 즉 단편적 감각의 사실들을 종합하여 하나의 대상으로 알게 되는 것은 사유를 통해서 가능하다. 그 결과 '장미'라는 '대상'이 '나'라는 '인식 주체'의 '앎'으로 형성된다. 우리가 알고 있는 지식은 모두 이렇게 얻어진다. 그것이 학문적 지식이든 상식이든 과학이든 모든 앎은 감각과 사유의 결과이다.

그렇다면 여기서 새로운 물음이 생겨난다. 존재하는 것이란 무엇을 의미하는가? 라는 물음이다. 인간의 앎이 존재하는 것과 관련된다면, 앎과 존재, 즉 인식과 존재는 떼래야 뗄 수 없는 관계에 있다. 그러나 문제는 그렇게 간단하지 않다. 우리가 무언가를 안다고 할 때, 그 무언가가 존재하는 어떤 것이라면, 인식보다 앞서는 것이 바로 존재이다.

반면 존재란 것은 인식 작용 없이 그 어떤 것으로 존재할 수 있는가? 즉 인식되지 않은 존재란 것이 가능한가? 가능하다면 그것은 어떻게 존재하는가? 등의 문제가 발생한다. 왜 이것이 문제인지는 차차 설명될 것이다. 하여튼 존재와 인식, 이 양자는 닭과 계란처럼 어느 것이 먼저인지 규정하기 힘든 아포리아aporia[3]이다. 존재가 없으면 인식이 없고, 인식이 없으면 존재는 무의미하다. 이러한 끝이 없을 것 같은 물음에 답하는 철학의 한 분과가 인식론이다.

다시 한 번 예를 들어 만약 우리가 '한 송이 장미'를 바라보면서 '한 송이 장미가 있구나'라고 말할 때, 그 장미는 그 자체로(나와 무관하게) 존재하는 장미가 아니라 우리의 감각에 의해서 주어지고 사유에 의해서 구성된

---

3) 통로나 수단이 없다는 의미로, 해결하기 어려운 일들을 뜻하는 용어이다.

관념적 장미이다.[4] 그 관념적 존재 이외에 어떤 존재, 즉 그 자체로 존재하는 어떤 것에 대해서는 알 수 없다. 왜냐하면 만일 알 수 있다고 주장하는 순간 그것은 또다시 관념으로 변해 버리기 때문이다. 감각과 사유만을 인식의 능력이라고 생각할 때 세상은 인식 주체와 떨어져서 생각할 수 없다. 이는 결국 세상은 나에 의해서 구성된 것이라는 칸트I. Kant(1724-1804)의 결론이다.

버클리G. Berkeley(1685-1753)의 말처럼 세상은 단지 나의 감각에 의해 지각된 것인가? 사실 경험론자들의 주장을 반박하기는 쉽지 않다. 감성과 이성만을 인식의 수단으로 인정한다면 불가능할지도 모른다. 그러나 중요한 것은 세상은 내가 없어도 존재한다는 사실이다. 물론 이를 내가 직접 증명할 수는 없으나 우리는 간접적으로 추론하는 바다. 그리고 인류가 전멸한다고 하더라도 세상은 사라지지 않고 존재할 것이다. 이것이 존재는 관념이라는 주장에 대한 반론이다. 하지만 그럼 그 때 그 세상은 어떻게 존재하는가라고 물을 때, 그에 대한 대답을 해줄 사람은 아무도 없다. 인간 인식의 한계에서 결국 딜레마dilemma[5]에 빠지고 마는 것은 당연한 것처럼 느껴진다.

----

4) 이러한 이론이 경험론이며, 경험론은 관념론으로 귀결된다. 이에 대해서는 다음 장에서 자세히 논할 것이다.
5) 두 개의 판단 사이에서 어느 쪽도 선택할 수 없을 경우를 말한다. 예를 들어 "내가 거짓말을 하면 신이 싫어할 것이고, 내가 진실만을 말한다면 사람들이 싫어할 것이다. 그런데 나는 진실을 말하거나 거짓을 말해야 하는데, 결국 나는 누구에겐가 미움을 받을 수밖에 없다."라는 논리에서 나는 어떤 경우도 선택하기 어려운 경우를 딜레마에 빠졌다라고 한다.

그러면 왜 앎에 관한 이론이 필요한가? 인식론은 그저 철학의 한 분야일 뿐이지 않을까? 굳이 복잡하게 앎의 문제를 삶 속으로 끌어들일 필요가 있을까?

사실 안다, 알다, 알아야 한다, 알고 있다, 알고 싶다 등의 표현들은 우리의 삶 속에서 아주 일상적인 표현이다. 그리고 이런 표현만큼 우리의 인생에서 중요한 것은 없다. 특히 우리나라처럼 교육열이 높은 곳에서는 더욱 그렇다. 교육이란 결국 더 많이 아는 것을 목적으로 하기 때문이다.

그러나 인식론은 많은 앎, 경제적이고 실용적인 앎을 늘려주는 학문은 아니다. 왜냐하면 인식론은 단지 '앎의 작용'에 대해 주로 관심을 갖기 때문이다. 그래서 누군가가 현실적으로 출세를 하기 위해서라면 인식론적 물음이란 게 그저 철학적이고 추상적인 문제일 뿐이라는 생각도 맞다. 그렇다면 앎이 무엇인가? 라는 물음이 우리에게 왜 필요하고, 우리가 그 물음에 대해 관심을 가져야하는 이유는 무엇일까?

앎의 문제가 중요한 가장 큰 이유는 그것으로 인해 우리의 세계관과 가치관이 바뀌기 때문이다. 왜냐하면 앞에서 잠깐 언급한 것처럼 인식론은 존재론과 밀접한 관련이 있기 때문이다. 우리가 어떻게 인식하고 어디까지 알 수 있는가 하는 문제는 '존재는 무엇인가' 라는 물음과 직결될 수밖에 없다. 그리고 우리가 외부 존재를 어떻게 생각하는가? 그리고 인식하는 주관을 어떤 존재로 규정하는가? 등의 문제는 우리의 삶에서 너무나 중요한 물음이다.

앞으로 다루게 되겠지만. 예를 들어 관념론과 실재론의 차이를 생각해보라. 외부대상은 모두 관념적 존재라고 생각하는 것은 경험론이라는 인식론에서부터 비롯된다. 그리고 실재론은 외부의 대상이 우리와 상관없이 그 자체로 존재한다는 생각이다. 이 둘은 서로 상반된 견해를 가지고 있다. 앎에 대한 어떤 입장을 가지는가에 따라서 우리는 관념론자가 되기도 하고 실재론자가 되기도 한다.

유심론이나 유물론의 차이는 더 큰 세계관의 차이이다. 유심론은 오직 마음과 마음이 파악한 관념만이 존재한다는 것이라면, 유물론은 오직 물질만이 존재한다는 생각이다. 유물론자들은 정신적인 것조차도 물질로 환원하며, 유심론자는 물질적인 것도 정신적인 것으로 환원한다. 이러한 세계관과 가치관의 차이는 종교적 신념조차도 변화시키며, 우리의 윤리관도 바꾸어 놓을 수 있다.

물신주의物神主義와 정신주의精神主義의 구분도 인식론적 관점에 따라서 결정된다. 도구주의道具主義와 자연주의自然主義도 그러하고 과학주의와 종교주의도 마찬가지다.

이렇게 본다면 인식론의 문제는 단순히 앎이 무엇인가? 앎은 어떻게 주어지는가? 라는 추상적 철학적 물음에 그치는, 그래서 우리의 인생과는 무관한 것이 아니라, 그 물음에 어떤 답을 하는가에 따라서 서로 다른 가치관과 세계관으로 인생을 살아가게 만드는, 그래서 삶의 근원적이고 일차적인 물음이 된다. 마치 정치적 이념으로서 진보와 보수가 삶의 방식과 목적을 다르게 생각하는 것처럼 말이다.

그 뿐만 아니라 내 인식능력을 무엇으로 규정하는가에 따라서 더 큰 변화가 일어난다. 감각과 사유를 넘어서 초월적인 인식능력을 인정할 경우를 생각해보라. 비트겐쉬타인R. Wittgenstein(1889-1951)이 '나의 한계는 세계의 한계'[6]라고 말했을 때, 결국 인식의 한계가 존재의 한계임을 말한 것이리라. 그러므로 인식론의 차이에 따라서 우리가 살아가는 세계는 다양한 모습을 가지게 된다. 과학적 세계로 바라볼 수 있고, 상식적 세계로 볼 수도 있고, 영적 세계로 볼 수도 있고, 신적 세계로 볼 수도 있다. 그러한 세계의 차이는 어떤 인식론적 관점을 갖는가에 따라서 구분되는 것이다. 그 인식론적 관점이란 곧 내가 어떻게 앎을 얻고, 어디까지 알 수 있는가라는 문제와 연결된다.

근대 인식론자들의 저서 제목을 살펴보면 이를 잘 알 수 있다. 칸트I. Kant의 주저는 *Kritik der reinen Vernunft*(『순수이성비판』)이다. 로크Locke는 *Essay concerning human understanding*(『인

비트겐쉬타인

---

6) Wittgenstein, 김양순역, 『논리철학논고, 철학적 탐구, 반철학적 단장』, 서울: 동서문화사, 2008, p. 75.

간오성론』이라는 책을 썼다. 흄Hume의 저서는 *A treatise of human nature*(『인성론』)라는 제목이다. 버클리Berkeley는 *A treatise concerning the principle of human knowledge*(『인간지성론』)라는 제목의 책을 썼다. 이들 근세철학자들의 사상을 넘어서는 켄 윌버K. Wilber의 저작은 *Eye to Eye*와 *The marriage of sense and soul*이다. 이들 저서들의 공통점은 인식주체로서 인간의 본성에 대한 분석이라는 점이다.

그래서 진정한 인식론의 문제는 진리란 무엇인가? 란 물음이 아니라 우리의 인식 작용, 앎의 작용은 어떻게 일어나는가? 란 물음이다. 이 물음은 인식 대상에 초점이 있는 것이 아니라 인식 주관에 초점이 있다. 즉 인식론은 궁극적으로는(외연) 지식(진리)이란 어떤 것인가를 다루는 것이다. 그렇지만 인식론의 본질적 영역(내포)은 인식 작용(주관)에서 찾아져야할 것이다.

필자가 이 책에서 다루고자 하는 것 역시 인식 내용이 아니라 인식 작용과 관련되어 있다. 그러나 필자는 기존의 인식론이 다루고 있는 감성과 이성이라는 이분법에서 벗어나고자 한다. 그럼으로써 인식론의 한계, 존재와 인식의 딜레마에서 벗어나고자 한다. 감성과 이성의 팽팽한 긴장을 넘어 지금까지와는 다른 직관과 영성이라는 인식의 제 3요소

칸트

를 다루고자 한다. 즉 과학과 상식이 주장하듯, 인간의 인식 능력이 감각과 사유, 두 가지 뿐이라는 가정을 벗어나는 것이다. 그래서 감성과 이성, 그 이외의 인식 능력으로 영성을 추가하는 것이다.

이미 영성과 영성에 의한 인식은 다양하게 논의되고 있다. 철학에서는 감각과 사유 이외에 직관적 인식을 말하고 있으며, 특히 종교는 감성과 이성을 넘어서 영성을 인식과 신앙의 중요한 수단으로 인정하고 있다. 이렇게 새로운 길을 모색함으로써 감성과 이성 작용의 한계로 인한 인식론적 딜레마에서 벗어날 수 있는 가능성을 찾을 수 있을 것이다.

경험주의인가 합리주의인가 라는 물음, 그 양자에서 무슨 인식론을 지향하는가에 따라서 삶이 달라지고 사람이 달라지고 세상이 달라진다. 인식은 단지 지식이 아니라 모든 것을 바꾸는 가장 근원적인 힘이다. 영성과 깨달음을 새로운 인식 능력으로 받아들이고 개발하고 영적 세계를 볼 수 있을 때 세상은 지금과는 전혀 다른 세상으로 변할 것이다. 그 새로운 세상을 지향하는 것, 그것이 만사지를 다루는 지금의 목적이다

이 작업이 지향하는 바는 지금까지 철학이 행했던 것처럼, 영성을 단순히 감성도 아니고, 이성도 아닌 제 3의 초월적 능력, 혹은 비인식론적 영역으로 배제하려는 것이 아니라 감성과 이성과 함께 제 3의 인식능력으로 새롭게 파악하려는 시도이다. 즉 영성은 인식에 있어서 신비적, 미신적 수단이 아니라 또 하나의 가

능한 인식 수단임을 보여주고자 한다. 그리하여 과학과 철학이 도달하지 못하는 초월적 영역에 접근하는 인간 인식의 새 지평을 열고자 한다. 이러한 작업에서 증산도 '만사지 문화'는 문제를 해결하는 중요한 수단이자 목적이 될 것이다.

'만사지萬事知'란 '만 가지 일을 안다'는 뜻이다. 즉 '모든 것을 안다'는 뜻이다. 이는 인간의 인식능력의 한계가 감성과 이성의 영역을 넘어서 무한히 확대된다는 뜻을 포함하고 있다. 만사지의 이러한 의미는 기존의 인식론적 주장을 넘어서는 획기적인 관점이다. 첨단 과학문명에서 초월적 신에 이르기까지 모든 존재와 그 존재의 세계가 우리의 인식 속으로 들어온다는 것은 누구나 꿈꾸는 경지가 아닐 수 없다. 모든 인간이 서로 오해하고 불화不和하는 일이 사라지고, 보이지 않는 세계의 이면까지 환하게 들여다보면서 신과도 소통하는 나를 상상하는 것만으로 벅찬 일이다. 과연 내가 그런 경지까지 갈 수 있을까라는 의심은 현대 과학의 한계 내에서 일어나는 기우杞憂가 될 것이다.

그렇다면 어떻게 만사지의 경지에 도달하고, 만사지를 통해 무엇을 인식할 수 있고, 또 만사지의 목적은 무엇인가 등의 물음이 생겨난다. 이는 인식의 기원과 한계라는 인식론적 물음과 동일하다. 필자는 이에 대한 해답을 추론과 직관, 깨달음이라는 단계적 접근을 통해서 검토할 것이고, 나아가 최종적으로 증산도 사상 속에서 찾아볼 것이다. 그럼으로써 우리는 보이는 세계에 한정되었던 우리의 삶을 보이지 않는 세계로 확장시킬 수 있을 것이고, 또 지금까지와는 다른 태도로 다른 가치를 가지고 살아갈 수도 있을 것이다.

　나아가 만사지 문화가 갖는 의미를 단지 인식의 문제를 넘어 새로운 삶의 영역을 창조하는 문화적, 실천적 영역에서 고찰해 볼 것이다. 이 또한 증산도가 지향하는 새로운 세계인 '후천선경'과 관련해서 다루어질 것이다. 만사지에 대한 인식론적 해명을 통해 인간 삶의 새로운 경계가 열릴 것이며, 나아가 우리가 살아가는 세상 또한 새로운 경계로 드러날 것이다.

I 부

추론

Inference

推論

1부에서 다룰 내용은 과학적 지식의 본성이다.

일상적으로 우리가 가장 신뢰하고 삶에서 가장 유용하며 가치 있다고 생각하는 앎이 바로 학문적 지식이며, 그 중에서도 자연과학이다. 우리의 모든 과학적 지식은 경험을 통해서 가능하며, 경험된 내용들을 분석, 종합, 통일하는 과정을 거쳐서 하나의 지식으로, 체계적 학문으로 발전한다. 이러한 과정에서 인식 주관이 행하는 적극적 인식 작용이 추론이다.

추론이란 주어진 사실에서 그 이상의 지식을 이끌어내는 논리적 작업을 말한다. 따라서 추론을 하기 위해서는 항상 먼저 전제가 있어야 한다. 왜냐하면 전제가 없다는 말은 어떤 결론을 이끌어 낼 근거가 없다는 말과 같기 때문이다. 그러나 그 전제가 경험에 의해서 주어진 것이든, 이성에 의해서 주어진 것이든 그것은 문제가 되지 않는다. 어떤 것이든 주어진 전제가 있을 경우에만 우리는 그 전제로부터 이성의 논리적 방법을 통해서 결론을 도출할 수 있다.

추론에는 귀납歸納추론(inductive inference)과 연역演繹추론(deductive inference)이 있다. 귀납추론은 해당되는 모든 경험을 조사하여 그 조사된 내용을 근거로 결론을 도출하는 방법이라면, 연역추론은 이와 반대로 주어진 전제의 참 거짓과 상관없이 추론의 논리적 형식만으로 그 타당한 결론을 도출하는 것이다. 이 두 가지 추론 모두 전제가 참일 경우 결론이 참이 된다는 공통점이 있다. 차이점은 귀납추론은 인과법칙에 근거하여 경험된 사실의 수다성에 의해 진리성이 좌우된다면, 연역추론은 전제의 진리성에 상관없이 전제들 사이의 논리적 관계만을 문제 삼는다는 것이다.

물론 여기서 필자가 이러한 논리적 추론의 본질을 다루는 것은 아니다. 하지만 경험과 사유, 이 양자의 인식론적 기원과 과정을 검토하다 보면 자연스레 부딪치는 개념이 추론이다. 인간은 경험적 존재이면서 사유하는 존재이다. 이 양자의 능력은 서로 대립되면서 보완하는 관계에 있다. I부에서 필자는 경험과 사유, 그리고 추론을 통한 과학적 지식의 성립과정을 살펴볼 것이다. I부에서 우리는 우리들 지식의 대부분을 차지하는 학문적 인식의 본질을 깨닫게 될 것이다. 그것은 감성과 이성의 합작품으로 세계를 설명하는 하나의 방식이다.

1 앎의 기원과 한계

앎이 있으면 거기에 주체가 있고 대상이 있다. 주체가 대상을 파악하는 것이 앎이기 때문이다. 앎의 주체와 대상의 관계를 염두에 두면 인식론적 물음은 다음과 같은 세 가지 형식으로 주어진다. 첫째는 앎의 기원에 관한 문제인데 이는 '우리는 외부 대상에 대해서 어떻게 아는가?'라는 물음으로 표현된다. 둘째는 앎의 한계에 대한 문제이고 이는 '우리는 외부대상에 대해서 어디까지 알 수 있는가?'라는 물음으로 표현된다. 셋째는 앎의 가치에 대한 문제인데 이는 '우리의 앎은 참인가 거짓인가?'의 물음으로 표현된다. 이 중 마지막 물음은 진리의 문제라고 할 수 있다.[1] 인식 주관과 관련하여 핵심적인 물음은 앞의 두 가지 물음, 곧 인식의 기원과 한계에 관련된 물음이다. 이 장에서는 철학의 한 분과로서 인식론의 기본 테마를 간단히 분석해볼 것이다.

1) 앎의 기원

앎의 기원과 관련된 인식론적 문제는 '우리가 외부 대상에 대

---

1) 세 번째 물음은 앞의 두 가지 물음이 해결된 후 주어진 인식 내용에 관한 물음이다. 중요한 것은 인식되었다 하더라도 모든 것이 참이라고 할 수는 없다는 점이다. 우리는 잘못된 정보를 받아들이기도 하기 때문이며, 추론의 오류도 있을 수 있기 때문이다. 정보의 진리성을 검토하는 방법은 크게 세 가지로 구분된다. 대응설, 정합설, 실용주의설이 그것인데 이에 대한 논의는 앞으로 간략히 소개될 것이다.

한 정보를 얻는 방법은 무엇인가?'이다. 철학적으로는 이 문제에 대한 세 가지 대답이 있다. 모든 인식은 경험적으로 가능하다는 입장, 그리고 모든 인식은 오직 사유를 통해서만 가능하다는 입장, 그리고 마지막으로 경험과 사유의 양 측면이 동시에 인식을 가능하게 한다는 입장이다. 이 세 가지 입장은 우리가 무언가를 안다고 할 때 그 앎이 발생하는 구조에 대한 논의이다.

> 지식이 획득되는 심리적 과정에 대한 기술을 주요 과제로 삼는 인식론에서는 그과정이 일어나는 내적 심리상태에 대한 고찰이 필수적이다.[2]

이처럼 인식의 기원은 주로 내가 어떤 과정으로 인식을 하는가에 초점이 있다. 이 장에서 필자는 이러한 서양 인식론의 문제를 고찰해보고 이와 아울러 과학적 인식의 한계를 벗어난 문제에 대한 입장에 대해서도 살펴볼 것이다.

(1) 경험론

인식의 기원과 관련해서 가장 상식적이고 일상적인 이론은 경험론經驗論(empiricism)[3]이다. 경험론은 이름 그대로 우리의 인식은 경험을 통해서 얻어진다는 입장이다. 경험론의 대표자는 영

---

2) 김효명, 『영국경험론』, 서울: 아카넷, 2001, p. 60
3) 여기서 말하는 경험론은 지역적으로는 영국에 한정되고 시기적으로는 16-18세기에 발생한 철학을 통칭하는 말이다. 영국의 경험론은 대륙의 합리론과 함께 서양 인식론의 두 주류이다.

국의 철학자인 존 로크(J. Locke 1632-1704)이다. 그는 '인간의 마음은 백지다'라는 주장으로 유명하다. 그 뜻은 인식 주체인 인간의 마음은 경험 이전에 아무런 정보가 저장되지 않은 백지상태라는 것이다. 이는 다시 말해서 그 백지에 무엇인가를 기록하여 지식을 쌓게 되는 것은 오직 경험을 통해서라는 주장이다.

경험은 우리의 감각을 통해서 이루어진다. 물론 내적 경험이나 체험도 있을 수 있으나 여기서는 보고, 듣고, 느끼는 경험, 즉 바로 감각경험을 말한다. 우리는 경험을 통해서 외부에 존재하는 사물들에 대한 지식을 갖게 된다는 경험론적 사고는 이미 로크 이전에도 존재했다. 바로 소피스트Sophist들의 감각주의이다. 따라서 경험주의 철학자의 선구자는 소피스트라고 할 수 있다.

소피스트는 고대 자연철학자들의 철학적 태도에 반기를 들고 나섰다. 최초의 철학자인 탈레스에서부터 데모크리토스Democlitos[4]에 이르기까지 자연철학자들은 눈에 보이는 현상적 세계 너머에 있는 존재, 이 세계를 이 세계이게끔 해주는 그 무언가를 찾으려고 했다. 그들은 그것을 아르케arche(원질原質)라 이름 짓고, 보이는 세계를 아르케라는 형이상학적 실체로 설명하려고 하였다. 이러한 자연철학에 반기를 들고 나선 사상조류가 소피스트이다.

그들은 자연중심에서 인간중심으로 방향을 전환했다. 그 대표자인 프로타고라스Protagoras는 '인간은 만물의 척도이다'라

---

4) 원자론을 주장한 자연철학자.

는 유명한 명제를 남겼다. 즉 내가 경험하는 것, 그것이 바로 존재하는 것이고 진리라는 말이다. 눈앞에 보이는 세계 너머에 있는 아르케(물, 불, 공기, 무한자, 수, 원자)가 아니라 내가 보고 만지고 느끼는 것은 그대로 실재하며 그것에 대한 인식이 진리라는 것이다. 이를 소박한 실재론(naive realism)[5]이라고 부르는데 이렇게 경험주의(감각주의)는 고대 그리스에서부터 철학의 한 사조로 시작된다. 이러한 인식론적 주장은 외부 대상이 주관에 있는 그대로 직접적으로 나타난다는 것이다.

경험론의 토대를 닦은 사람은 영국의 철학자인 로크J. Locke이다. 그는 자신의 저서 『인간오성론』의 서문에서 "나의 목적은...인간 지식의 기원, 확실성, 그리고 범위를 탐구하는 것"[6]이라고 말한다. 그는 인간의 모든 인식은 경험에서 출발한다고 보았다는 점에서는 소피스트와 같은 생각을 가졌다. 그래서 그는 우리가 경험하기 전에 우리의 의식은 아무런 정보를 갖지 않는 상태, 즉 아무 것도 적혀있지 않은 백지일

존 로크

5) 소박실재론은 상식적 실재론이라고도 한다. 그러나 보이는 것이 항상 보이는 그대로 존재하는 것은 아니기 때문에 소박실재론은 과학적 실재론으로까지 진행할 수는 없다.

6) J. Locke, *An Essay concerning Human Understanding*, Edited by Peter H. Nidditch, Oxford Univ. Press. 1975. p. 43. "This being my Purpose to enquire into the Original, Certainty, and Extent of human Knoeledge..."

뿐이며 경험을 통해서 백지에 글씨가 적히듯 인식이 발생한다는 주장을 하였다. '마음은 백지'라는 주장은 경험론의 주장을 한마디로 표현하려는 의도도 있었지만 그 이면에는 경험 이전에 선천적 지식(본유관념, innate idea)[7]이 존재한다는 합리론자들에 대한 반박의 의도가 강했다. 로크에게 있어서 선천적 지식이란 넌센스일 뿐이다.[8]

> 우리의 모든 지식은 경험에 기초하고 있으며 궁극적으로는 경험으로부터 나온 것이다.[9]

그는 오직 경험만이 인식의 기원이라고 말한다. 그러나 경험을 통해서 외부 대상을 인식하기는 하지만 소박한 실재론자들처럼 외부대상이 직접 있는 그대로 감각되는 것이 아니라 우리 마음속에 재현再現되어서 나타나는 것이라고 보았다. 우리 마음속에 나타나는 것은 감각을 통한 것이긴 하지만 마음(정신)의 작용(반성)에 의한 것이기 때문에 결국 감각적 경험의 내용은 순전히 심적인 현상이라는 것이다.[10] 달리 말하면 사람의 마음속에 직접

----

7) 합리론자 데카르트가 주장하는 것으로 경험과 상관없이 존재하는 천부적 인식.

8) 로크, 같은 책, p. 48이하 참조.

9) 로크, 같은 책, p. 104.

10) 로크는 물체가 제1 성질과 제2 성질, 두 가지 성질로 구분되는데 이 중 감각경험에 의해서 구성되는 관념들은 제2 성질의 산물이라고 보았다. "물체들의 제 1 성질들에 관한 관념들(the ideas of primary qualities of Bodies)은 그 성질들과 유사한 것들로서 그 유형은 물체 자체에 정말로 존재한다. 그러나 제2 성질(secondary qualities)들에 의하여 우리에게 생긴 관념들은 그 성질들과 어떤 유사성도 갖지 않는다."(로크, 같은 책, p. 137.)

나타나는 것은 물체(matter) 혹은 실체實體(substance)가 아니라 관념觀念(idea)이라는 생각이다.

> 모든 우리의 지식의 재료인 단순관념(simple idea)들은 감각(sensation)과 반성(reflection)이라는 두 가지 방식에 의해서만 우리들 마음에 주어진다.[11]

여기서 단순관념이란 현대 지각이론에 의하면 감각자료이다. 로크의 이론은 재현적 실재론(표상적 실재론representative realism)이라고 하는데 그 이유는 감각 대상은 마음에 의해 만들어진 관념이지만 감각의 바깥에 감각의 질서와 연관되는 대상[12]이 실재한다고 생각하기 때문이다.

이처럼 경험론은 감각을 통한 경험이 인식의 기원이라고 주장한다. 이러한 경험론의 주장은 상식에 바탕하고 있으며, 지식의 내용도 경험적 인식에 한정된다. 이러한 경험적 인식내용이 점점 확대되고 체계화되고 심화되어 사회과학과 자연과학 등 현상적 학문이 성립하게 된다.

> 우리의 오성에 (감각과 반성으로부터 온) 단순관념들이 채워지면 그것들을 거의 무한히 다양한 방식으로 반복하고

----

11) 로크, 같은 책, p. 119.
12) 실체라고도 한다. 그렇다면 실체란 무엇인가? 참된 본체란 뜻인데 철학적 관점에서는 물자체, 신학적 관점에서는 신, 불교적 관점에서는 불성, 도가적 관점에서는 도이다. 이들 모두는 인식의 한계(과학적 인식)를 벗어난 곳에 존재한다.

(repeat), 비교하고(compare), 결합하는(unite) 힘이 있어서 우리는 마음대로 새로운 복합관념(complex idea)들을 만들어 낼 수 있게 된다.[13]

여기서 복합관념은 단순관념들의 결합으로 형성된 것이기 때문에 결국 복합관념 또한 반성으로 만들어진 것이긴 하지만 근원적으로 감각자료와 동일하게 경험으로 환원된다. 이 복합관념들의 집합이 학문과 과학이 되는 셈이다.

(2) 합리론

합리론合理論(Rationalism)에서 합리合理란 '이성에 합치하는', '합이성적'. '이성에 부합하는' 등의 뜻이다. 물론 다 같은 의미이다. 따라서 합리론은 '이성적 논리에 합치하는 내용들을 진리라고 생각하는 인식이론' 이라고 정의할 수 있다.

합리론자들은 인식의 기원을 경험이 아니라 사유에서 찾았다. 즉 감성이 아니라 이성에서 찾았다. 왜 그랬을까? 그 이유는 간단하다. 그들은 경험을 믿을 수 없었기 때문이다. 우리 감각의 능력은 부정확하고 유한하다는 것이 그 이유이다. 부정확하고 유한한 감각은 필연적 보편적 진리를 산출할 수 없다. 그렇다면 어떻게 인식할 수 있는가? 그것은 바로 사유思惟, 사고思顧를 통해서이다.

----

13) 로크, 같은 책, p. 119.

경험론자들은 인간 인식의 기원은 감각적 경험이라고 주장한다. 즉 경험을 통해서 인식이 성립한다는 것이다. 사실 이러한 주장은 논증이 필요한 것이라기보다는 다양한 경험으로 실증되는 것이다. 내가 보고 있다는 것을 굳이 이론적으로 증명할 필요는 없다. 단지 보고 있는 것을 표현하면 된다. 그러나 합리론자들은 사정이 다르다. 그들은 경험을 인식의 능력이 아니라고 했기 때문에 결국 경험 이외에 다른 방식으로 인식이 가능함을 보여주어야 했다. 그 뿐 아니라 그러한 인식이 필연적이며 보편적이라는 것 또한 보여주어야 했다. 왜냐하면 합리론자들은 지식의 특성을 보편적이면서 필연적이라고 규정했기 때문이다.[14]

자연철학에 반기를 든 소피스트Sophist에 의해서 경험주의가 출발했다고 한다면, 이들 소피스트들에 반기를 든 소크라테스와 플라톤Platon에 의해서 합리주의가 시작되었다는 것이 철학사적 상식이다. 물론 철학의 시조인 탈레스Thales 또한 신화와 신앙의 세계에서 이성과 논리의 세계를 찾은 합리주의자였다고 할 수 있을 것이다. 그러나 인식의 상대성에서 인식의 보편성과 필연성을 추구한 소크라테스와 플라톤은 분명 합리론적 전통에 서 있다.

----

14) 경험론적 인식은 감각 경험이라는 누구에게나 분명한 인식능력을 인정하고, 그로부터 받아들이는 정보 또한 분명하므로 굳이 인식의 가능성을 증명할 필요는 없다. 우리가 감각하는 것, 그것이 바로 인식내용이며, 이에 대한 사유(반성과 종합)로 체계적 인식이 가능하다. 물론 대신 경험론은 인식의 절대성을 주장할 수는 없었다. 그 결과 흄은 인식론적 회의주의에 빠지게 된다.

플라톤은 두개의 세계가 있다고 말한다. 감각의 대상이 되는 경험적 세계와 사유의 대상이 되는 이데아의 세계가 그것이다. 그러나 그는 감각은 진정한 인식능력이 아니라고 한다. 왜냐하면 감각은 외부대상을 경험하는 능력인데 이 때 감각의 대상은 고정된 것이 아니라 수시로 변화하는 존재이기 때문이다. 변하는 것에 대한 감각적 내용은 그 자체 고정적인 것이 아니라 다시 변할 수밖에 없다. 진리는 불변적이라는 플라톤의 믿음으로 볼 때 변하는 감각적 지식이 진리일 수는 없다. 그래서 그는 변하지 않는 불변의 대상을 찾았고 그것이 바로 이데아Idea이다. 플라톤에게 있어서 이데아는 "참으로 존재하는 것"이며 "불변하는 것"이며 "영원한 것"이다. 그리고 가장 중요한 것은 그가 이 이데아를 오직 이성적 사유에 의해서만 알 수 있다고 주장한다는 사실이다.(상기설)[15]

합리론의 대표자는 데카르트R. Descartes(1596-1650)이다. 데카르트는 경험론자들의 반론, 즉 경험 없이 어떻게 인식이 가능한가?라는 물음에 직면해 있다. 그래서 그는 우리의 인식이 경험 없이 가능하다는 것을 보여주어야 했다. 이를 위한 설명논리가 데카르트적 사유방식인 '방법적 회의'이다. 방법적 회의는 제일

---

15) 이러한 플라톤의 인식론을 '상기설'이라고 부른다. 상기설이란 진리를 상기한다는 것이다. 즉 인간은 태어나기 전 이데아의 세상에서 살았는데, 다시 인간의 몸으로 태어나면서 그 이전에 알았던 이데아에 대한 모든 지식을 망각하게 되고, 인간으로 살아가면서 그 이전에 알았던 이데아를 다시 회상하게 되는데 이 회상이 바로 이데아에 대한 인식이라는 주장이다.(플라톤, 『국가』, 참조)

원리를 발견하기 위한 회의이다. 데카르트가 찾고자 하는 것은 모든 경험적인 신념이나 기존의 이성적인 지식에 의지하지 않는 상태에서 발견되는 명제이다. 즉 그 명제는 무전제의 전제가 될 수 있는 명제이어야 한다. 기존의 지식에 대한 판단을 중지하고 모든 조건과 전제가 사라진 상태에서 직관적으로 드러나는 명제만이 합리론이 지향하는 선천적 명제가 될 수 있다. 즉 경험 없이 인식된 명제라고 할 수 있다. 방법적 회의는 경험적 사실에 대한 의심과 논리적 사실에 대한 의심으로 구분되어 진행된다.

먼저 경험적 지식에 대한 데카르트의 의심에 대해서 살펴보자. 경험적 지식에 대한 의심가능성을 보통 '꿈의 가설'이라고 한다. 꿈의 가설이란 '우리가 경험하는 사실들이 꿈 속에서 일어난 사실일 수도 있다'는 가설이다. 즉 외적 경험이나 내적 경험이 명백한 것처럼 보이지만 우리는 꿈속에서도 때로 꿈의 내용을 명백한 것처럼 느낄 수 있다. '나는 꿈속에서 타이핑하는 경험을 하고 애써 쓴 글들이 정전으로 사라지는 경험을 하고, 안타까운 마음에 이게 꿈이라면 하고 생각하기도 한다. 꿈이 너무나 생생해서 현실과 구분되지 않으며, 그래서 꿈속의 경험이 차라리 꿈이길 바란 적도 있다'는 것이 데카르트의 생각이다.[16] 꿈의 가설은 우리의 경험이 꿈이라는 것이 아니라 꿈일 수 있는 가능성이 있다는 것이다. 그리고 만약 꿈일 수도 있다고 생각할 수 있

---

16) R. Descartes, 김형효 역, 『방법서설, 성찰, 정념론 외』, 서울: 삼성출판사, 1988, p. 21이하 참조.

다면, 즉 꿈이라고 의심할 수 있다면 그것의 확실성은 인정될 수 없다는 것이다. 모든 경험적 지식들은 이렇게 의심가능하다.

경험적 지식을 꿈의 가설을 통해 배제한 데카르트는 다음으로 이성적, 학문적, 논리적 지식에 대한 의심 가능성을 검토한다. 예를 들어 수학은 의심할 수 없는 지식체계가 아닌가? 내가 깨어있거나 잠자고 있거나 '2+3=5'이며 '삼각형은 세변'을 가진다. 이런 명백한 진리들을 오류라고 의심하는 것은 거의 불가능해 보인다. 그러나 데카르트는 이 또한 의심의 가능성을 벗어날 수 없다고 한다. 학문적 지식에 대한 방법적 회의는 '악마의 가설'을 통해 이루어진다.

데카르트는 모든 것을 할 수 있는 전지전능한 신이 존재하고, 원래 '2+3=6'인데 모든 사람들에게 '2+3=5'라고 믿도록 만든다고 생각해볼 수 있다고 가정한다. 왜냐하면 그 신은 전지전능하니까. 그렇게 의심가능하다면 수학적 사실조차 거짓일 수 있다는 것이다. 데카르트의 생각은 수학적 사실이 거짓이라고 단정하는 것이 아니라 악마의 가설을 통해 의심할 수 있고 의심할 수 있는 한 그 지식은 거짓일 수 있다는 것이다. 수학뿐 아니라 모든 학문적 지식체계 전체가 이렇게 의심될 수 있는 가능성이 존재한다.[17]

나는 이미 나 자신을 전적으로 진리의 탐구에 바치려고

---

17) R. Descartes, 같은 책, p. 21이하 참조.

결심하였기 때문에 지금까지와는 정반대되는 방향을 택하여 조금이라도 의심의 근거가 있다고 여겨지는 모든 것을 거짓인 것으로서 거부하고 이렇게 한 후에 완전히 확실한 어떤 것이 나의 신념 안에 남아 있는지 그렇지 않은지를 살펴보는 것이 필요하다고 생각하였다.[18]

방법적 회의에 의해서 도달한 상태는 어떤 상태인가? 우리의 지식체계에서 경험적인 지식은 꿈의 가설을 통해서 그 진리성이 유보되었고, 학문적 지식은 악마의 가설을 통해서 그 진리성이 유보되었다. 방법적 회의를 통해 우리가 가진 기존의 어떤 지식체계도 절대적인 것으로 받아들일 수 없다는 것이 확인되었다. 그 모든 지식들이 판단의 근거로, 인식의 전제로 사용될 수 없고, 그래서 모두가 괄호 속에 넣어졌다면 남아있는 것은 무엇인가? 그 사유의 영역에는 어떤 인식도 남아있지 않다. 바로 무전제의 상태가 된 것이다.[19]

여기서 데카르트는 '문득' 모든 것이 거짓이고 존재하지 않는다고 부정할지라도 그것을 거짓이라고 부정하는 '나'는 존재해야한다는 결론에 도달한다. 그 나는 바로 내가 있음을 '생각하는 나'이다. 이 나의 존재는 결코 의심할 수 없다. 만일 내가 존재하지 않는다고 의심해볼 수도 있지만 그 의심하는 존재로서의 나는 언제나 그 의심의 주체로서 존재해야 한다. 방법적 회의의 결

---

18) R. Descartes, 같은 책, p. 33.
19) 유철,「칸트의 자아론」, 경북대학교 박사학위논문, 1998, 참조.

론은 '나'의 존재의 확실성이다. 이를 데카르트는 '나는 생각한다. 그러므로 나는 존재한다'는 명제로 표현한다. 그리고 이 제일명제는 결코 경험을 통해서 얻어지는 것이 아니다. 방법적 회의를 통해서 모든 것이 판단중지된 상태에서 문득 드러나는 명제이다. 이 제일원리는 직관된 것이며, 직관된 제일원리에서 모든 다른 진리체계들이 논리적으로 연역된다는 것이 데카르트의 주장이다. 직관과 연역, 이것은 바로 사유의 활동이다.

> 우리의 논증들은 다른 이들이 생각했던 것이나 우리가 추측하는 것을 지향해서는 안 되고, 우리가 분명하고 명백하게 직관할 수 있던가 확실하게 연역할 수 있는 것을 지향해야만 한다. 왜냐하면 인식이란 이 밖의 다른 방식으로는 불가능하기 때문이다.[20]

(3) 선험론

경험론자들이 합리론자들을 비판할 때 그 핵심에는 본유관념 本有觀念(innate idea, 생득관념生得觀念)이란 개념이 있다.[21] 경험론자들의 주장은 경험 이전에 인식 가능한 지식은 불가능하다는 것이다. 하지만 본유관념은 인간의 내적 사유능력에 의해서 발견할 수 있는 명석판명한 관념들을 말하는데, 이들은 이미 가지고

---

20) R. Descartes, 같은 책, p. 33.
21) Locke, 같은 책, p. 48. 이하 참조. 그는 "No innate principle in the mind"라고 말한다.

태어나는 것이 아니라 오직 사유를 통해 발견할 수 있는 선천적 관념들을 말한다.

합리론자들은 경험론을 비판하기를 인식의 필연성과 보편성을 확보하지 못한다고 말한다. 그리고 그런 한 그것은 진리를 확보 할 수 없다는 것이다. 그러나 이 비판처럼 그렇다고 경험론자들이 보편적 인식의 가능성을 부정하는 것은 아니다. 그들은 그러한 인식이 경험을 떠나서 가능하다는 주장에 반대한다. 이러한 대립된 사상 사이에 칸트I. Kant(1724-1804)가 있다.

칸트 철학의 목적은 새로운 형이상학의 건설이다. 그리고 그러한 목적을 향한 과정이 바로 "선천적 종합판단은 어떻게 가능한가?"라는 물음에 대한 대답이다. 선천적 종합판단이란 경험적 인식과 선천적 인식이 모두 가능한 인식을 말한다. 칸트는 경험론과 합리론이 부정한 이러한 인식이 가능하다고 보고 그 가능근거를 설명하고자 했다. 이를 위해서 그가 행한 작업이 이성에 대한 비판이었다.[22] 그래서 그의 철학 사조를 '비판철학'이라 부른다. 그는 이성에 대한 비판, 즉 인식능력에 대한 비판을 통해서 참된 진리란 무엇이고 어떻게 얻어지는가를 알아보려고 하였다. 그리고 그렇게 함으로써 우리가 알 수 있는 것과 알 수 없는 것을 구분하려고 하였다.[23]

칸트의 인식론은 기존의 형이상학에 대한 비판이면서 새로운

---

22) I. Kant, 『순수이성비판』, 최재희 역, 서울: 박영사, 1986. A VII 이하 참조.
23) 유철, 「칸트의 자아론」, 참조.

인식이론의 확립을 지향한다. 그 방법으로 찾아낸 것이 선험론
先驗論(transzendental theory)이다. 선험론의 목적은 우리의 인식이
선천적으로 가능한 근거를 밝히는 것이다. 이는 데카르트의 목
적과 비슷하다. 하지만 칸트는 우리의 인식이 경험에서부터 출
발한다고 말함으로써 데카르트에 정면으로 반대된다. 그럼에도
그가 경험적 관념론이 아닌 것은 인간 인식의 주관적 요소로서
선험성을 인정하고 있기 때문이다. 즉 감각경험 이외에, 또는 그
것보다 먼저 인간 이성에 내재되어 있는 인식의 요소로서의 주
관적 형식을 설정하고 있기 때문이다.

> 우리의 모든 인식이 경험과 함께 출발한다는 것은 전혀
> 의심할 여지가 없다…대상이 우리의 감관을 자극하여,
> 한편으로는 스스로 표상을 낳고, 다른 한편으로는 우리
> 의 오성을 활동하도록 한다.…따라서 시간상으로 본다
> 면 우리에게는 경험보다 앞서는 인식이 전혀 없고 모든
> 인식은 경험과 함께 출발한다. 우리의 모든 인식이 경험
> 과 함께 생기기는 하지만 그렇다고 해서 모든 인식이 바
> 로 경험에서 발현하지는 않는다. 왜냐하면 인식은 우리
> 의 경험이 있더라도 우리가 인상을 통해서 받아들이는
> 것과 우리 자신의 인식능력이 자신에서 주는 것이 합한
> 것이기 때문이다.[24)]

24) I. Kant,『순수이성비판』, 들어가는 말, B 1.

자신의 인식론적 저서 첫머리에서 칸트는 인식은 경험에서 시작한다고 선언하면서, 그렇다고 경험만으로 인식이 이루어지지 않는다고 한다. 그리고 그 다른 요소로 '우리 자신의 인식능력이 자신에게 주는 것'을 들고 있다. 이러한 구도가 칸트 인식론의 선험적 구도이다. 즉 선험성이란 감각적 경험을 보편타당한 인식이 되도록 만드는 주관적 능력을 말한다.[25]

경험 이외의 주관의 인식 능력, 그것이 바로 칸트가 말하는 인식의 주관적 형식인 시공간과 범주이다. 물론 시간과 공간은 인식의 감성의 형식이고 범주는 인식의 오성의 형식이다. 칸트는 인식의 필연성과 보편성을 확보하기 위해 아주 복잡한 인식론적 구도를 만드는데, 모든 감각 경험이 가능하기 위한 주관적 조건으로 시간과 공간을 설정한 것이다. 이로써 인식의 객관성이 확보된다. 그 다음으로 모든 감각자료들은 오성의 범주로서 종합되어야 한다고 주장한다. 이로써 인식은 경험과 사유의 결합에 의해서 객관성과 필연성을 확보할 수 있게 된다.

여기서 인간의 인식능력은 감성과 오성으로 구분된다. 감성은

---

25) 칸트는 자신이 사용하는 '선험적'이란 말에 대해 독자들이 오해할 것을 염려해서 특별히 다음과 같이 주의를 주고 있다. "나는 여기서 이하의 모든 고찰에 영향을 미치고, 따라서 독자가 십분 명념하도록 주의를 한다. 즉 모든 선천적 인식을 선험적(transzendental)이라고 말한 것이 아니라, 어떤 표상들이 선천적으로만 사용되고 혹은 선천적으로만 가능하다는 것과 또 어떻게 그러하냐 하는 것을 우리가 인식하도록 하는 선천적 인식만을 선험적이라고 말해야 한다는 것이다.(선험적이라는 말은 인식의 선천적 가능성 혹은 인식에 관한 선천적 사용을 의미한다.)" (I. Kant, 『순수이성비판』, B 80.)

수용성의 능력, 감각능력이고 오성은 자발성의 능력, 사유의 능력이다. 그리고 이성은 추리하는 능력으로 감성과 오성과는 다른 사유능력이다. 이성은 감성과오성에 의해 만들어진 인식을 바탕으로 그 이상의 것(감성적이지도 오성적이지도않은 초월적 대상)에 다가가고자 하는 능력이다. 그러나 칸트 인식론에서 그러한 대상은 불가능하다. 칸트가 순수이성비판이라고 할 때 그 이성은 감성, 오성, 이성을 모두 포함한 개념이다. 감성에 대한 비판이 선험적 감성론이고 오성에 대한 비판이 선허적 분석론이며 이성에 대한 비판이 선험적 변증론이다 이러한 비판을 통해서 칸트는 우리의 모든 인식은 감성과 오성을 통해서 가능함을 증명하고, 이성이 추구하는 인식은 인식이 아니라 가상이며 순수이성의 이상일 뿐이라는 것을 증명한다. 그 양자의 증명은 모두 칸트가 바라보는 인간 인식의 능력에 대한 검증이면서 반증이다. 그 결과는 인식의 영역을 확고히 규정함, 비인식의 영역을 드러냄이다.

비판을 통해 칸트가 보여주어야 하는 것은 감각적 경험론자들이 주장하는 인식의 상식성과 대상성을 보존하면서도 합리론자들이 말하는 필연성과 보편성을 확보하는 것이었다. 그러나 모든 인식은 경험에서 출발한다고 선언한 그에게 합리론적 사유방식(직관과 연역)은 받아들이기 곤란하였다. 그래서 필요한 것이 인식의 필연성을 확보하는 주관적 방식, 일명 주관적 형식이다.

칸트의 업적은 극단적 합리론에서 벗어나 인간의 지식에 있어서 경험적 요소를 올바르게 평가한 점이다. 반면에 그는 흄에 대

서양 인식론에서 이성의 역할

시기	철학사조	철학자	주요사상	인식론적 특성
고대철학	자연철학	탈레스, 피타고라스, 헤라클레이토스, 파르메니데스, 데모크리토스	신화에서 과학으로의 전환. 세계에 대한 합리적 해석	과학적 이성으로 세계의 근원을 탐구
	상대주의 경험주의	소피스트	자연에서 인간으로 방향전환.	감성을 중시. 인식의 상대성 강조
	절대주의 주지主知주의	소크라테스	변증법적 대화로 절대적 진리를 찾으려 함.	이성을 통한 절대 진리를 강조
	이성주의 객관적 관념론	플라톤	상기想起를 통해 이데아를 인식	이성적 직관으로 진리인식
	경험주의 객관적 실재론	아리스토텔레스	이성과 감성의 결합으로 객관적 인식을 추구	이성의 종합으로 객관적 인식
중세철학	교부철학 플라톤주의	아우구스티누스	하나님의 조명으로 이데아 직관	계시에 의한 심적 직관. 믿음이 이성에 선행.
	스콜라철학	안셀무스	신학적 철학. 중세(보편)실재론	관념=실재.
	토미즘 아리스토텔레스주의	토마스 아퀴나스	온건실재론	계시와 관찰의 구분. 감각에서 본질로. 자연신학
근세철학	합리론=실체론	데카르트	인식가능한 실체 인정. 실체=물자체	이성적 직관과 논리적 연역. 비경험주의
	경험론=관념론	버클리 주관적관념론	존재는 관념이다. 무실체론	정신 혹은 마음과 그 속의 관념
	선험적 관념론	칸트. 경험적 실재론. 현상론	대상은 실재적이며 객관적이다. 물자체 불가지론	이성의 종합과 통일로 객관적 인식

하여 크게 감탄하였음에도 불구하고 흄의 극단적 경험론에 대해서는 비판적으로 접근하고 있다. 칸트의 주장의 핵심은 우리가 인식에 있어서 경험적 측면과 선천적 측면을 정당하게 다루기 위하여 그 양자를 분명하게 구분하여야 한다는 것이다. 그는 합리론자들이 경험적 현상까지도 이성적으로 논증하는것과 경험론자들이 주관의 선천적 인식능력들까지도 감각화하는 것, 이 모두를 잘못이라고 생각하였다. 우리가 외부 대상에 대한 객관적이며 보편적인 인식을 할 수 있는 것은 오직 경험적인 것과 선천적인 것의 결합을 통해서이다.

2) 앎의 한계

앎의 기원이 경험이냐 사유냐의 문제는 결국 우리가 아는 대상이 무엇인가, 혹은 우리는 어디까지 알 수 있는가의 문제로 귀결된다. 왜냐하면 경험의 대상과 사유의 대상은 서로 다르기 때문이다. 과연 우리는 외부 대상에 대해, 그리고 나의 존재에 대해 어디까지 얼마나 알 수 있을까?

지금 과학은 물질의 원초적 상태인 중성자 전자에서부터, 우주의 탄생이 시작되는 특이점까지 거슬러 올라가, 존재와 시간의 최초 상태를 알려고 한다. 이정도면 인간의 이성은 존재하는 모든 것에 대해 알고 있다고 보아야 하지 않을까? 즉 과학적 인식의 한계는 없는 것 같다. 나아가 인간의 사유를 뇌파로 검색하여 사유를 세포작용으로 환원한다면 마음과 정신작용도 기호화될 수 있으며, 마음이란 단지 물질적 구성물에 불과할 수도 있다. 사회학, 경제학, 심리학, 정치학 등은 인간의 모든 사회적, 정치적, 경제적 활동의 원인과 결과를 분석적으로 인식하는 듯 보인다. 그렇다면 '인식의 한계'는 이미 무의미한 한계가 아닐까? 물론 아직까지 존재하는 모든 것의 원리와 성질을 모조리 안다고 할 수는 없지만, 앞으로 시간이 그 문제를 해결해 줄 수도 있다는 낙관론이 있을 수 있다.[26]

철학자들에 의해서 제기되는 인식의 한계 문제는 이러한 과학적, 심리적, 사회적 인식의 성격과는 다른 점이 있다. 왜냐하면 철학적 인식의 한계는 우리가 인식한다고 한다는 말의 의미를 분석하는 것이고, 그 결과 지각한다는 것, 사유한다는 것의 의미를 분석하는 것이기 때문이다. 과학적 작업의 근본은 경험적 관찰에서 출발한다. 그렇다면 그러한 경험적 관찰은 무엇에 대한 어떠한 경험이고, 그 경험을 통해 들어오는 외적 대상의 성

러셀

---

26) 러셀은 우리가 우주에 대해 더 많이 알면 알수록 과학의 한계는 더 분명해진다고 주장한다.(S. Russell, *God for 21C*, 이창희 역, 『21세기의 신과 과학 그리고 인간』, 서울: 두레, 2002. p. 229) 그러나 이러한 주장은 과학의 영역과 비과학의 영역에 대한 혼동에서 오는 주장이다. 즉 러셀은 과학과 비과학 사이에서 범주오류를 범하고 있는 것이다.

격은 무엇인가?라는 좀 더 근원적인 문제이다. 철학적 인식론에서 대상인식의 한계는 우리가 알고 있는 과학적 인식(세계 전체)의 바깥에 존재하는 것은 무엇인가?의 문제이다.

이러한 물음을 철학적으로 검토한 이론이 관념론이다. 관념론의 바탕에는 경험론이 놓여있다. 경험론의 기본 주장은 쉽게 말해서 경험을 통해서 외부 대상을 인식한다는 것이다. 관념론에 대한 철학적 정의는 '대상이나 실재가 마음, 관념, 사고, 자아와 밀접하게 관련되거나 그것에 의해서 구성된다고 주장하는 세계관'이다. 그렇다면 경험론과 관념론은 상반되는 것처럼 보인다. 그러나 둘은 동일한 이론의 다른 이름이다. 로크를 예로 들어보자.

재현적 실재론의 핵심은 관념과 바깥 세계 사이에 인과관계가 있다는데 있다. 바깥 세계의 대상은 원인이고 마음속에 생기는 관념은 그 원인이 가져온 결과이다. 그래서 그 원인은 바깥 세계에 참으로 있는 것이고, 감각적 경험은 그 결과로서 생겨난 것이라고 본다.[27] 그리고 우리 감각적 경험이 가지는 질서와 일관성은 우리 마음과는 독립적으로 존재하는 바깥 세계의 질서와 일관성으로부터 나온 것이라고 주장한다.

----

27) 로크는 "마음이 지각하는 것은 무엇이든, 또 지각, 사고, 오성의 직접적인 대상이 무엇이든 나는 그것을 관념이라고 부른다. 그리고 나는 우리 마음에 어떤 관념을 산출하는 힘을, 그 힘이 들어 있는 실체의 성질이라고 부른다."(로크, 『인간오성론』, p. 104)고 말한다. 여기서 실체의 성질은 제1 성질과 제2 성질로 구분된다. 제1 성질은 연장이나 숫자, 형태, 운동이나 정지 등의 관념을 산출하는 힘이며 제2 성질은 맛이나 시각 촉각을 유발하는 성질이다. 전자는 실체와의 유사성을 갖는다는 측면에서 후자와 다르다.(로크, 인간오성론, p. 135 참조)

여기서 바깥 세계에 존재하는 것이 바로 실체(substance)이다. 그렇다면 우리는 이 실체에 대해 알 수 있는가? 로크의 대답은 '알 수 없다'는 것이다.[28] 이것은 경험론적 주장의 한계이다. 모든 것은 경험을 통해서 가능하다는 주장은 결국 경험을 벗어난 어떤 것도 알 수 없다는 주장으로 귀결된다. 그리고 경험된 사실은 주관과 상관적인 것일 수밖에 없는데, 이를 관념idea이라 부른다. 그렇다면 경험의 배후에 있는, 경험 바깥세계에 대해 안다고 말하는 것은 자기모순이다. 그래서 로크는 '알 수 없는 그 무엇'을 실체라고 이름하였다.

소박한 실재론이 일상적, 상식적 세계관이라고 한다면 재현적 실재론은 과학적 세계관이라고 할 수 있다. 과학은 우리가 경험하는 현상에 대한 수학적, 양적 논의를 말한다. 그 현상 배후의 어떤 것에 대해서 과학은 침묵할 수밖에 없다. 왜냐하면 그것은 경험 바깥의 존재이기에 검증도 반증도 불가능하기 때문이다. 영국 경험론의 후계자인 브래들리F. H. Bradley는 경험적으로 파악된 세계는 현상에 불과하고 그 이면에는 거대한 유기체로서의 실재가 존재하다고 주장한다. 하지만 이러한 실재는 일상적 경험에 의해서 파악할 수 없다는 점에서 로크의 견해에 동의하고 있다.

영국 경험론의 입장에서 로크의 견해를 이어받은 철학자 버클리G. Berkeley는 재현적 실재론이 내포한 모순을 지적하였다. 로크는 외부 대상은 실제로 있는 것이지만 우리가 이를 아는 것은

---

28) 로크, 『인간오성론』, p. 295.참조.

감각적 경험을 통해서이며, 감각 경험은 마음이 만들어낸 관념으로서 외부 대상의 재현이고, 그리고 관념들은 외부 대상과 비슷하기도 하고 완전히 다르기도 하다고 주장하였다. 그러나 외부대상이 무엇인지 알 수 없는데 우리 마음속의 관념과 외부대상인 실체가 서로 비슷한지 다른지 비교한다는 것 자체가 모순이기 때문이다. 또한 이보다 더 나아가 감각 경험만을 알 수 있다고 말하면서 그 외의 것(실체)이 존재한다고 주장하는 것 또한 자기모순이다. 실체가 존재한다고 말하는 것은 단지 우리에게 감각경험이 있으므로 그것의 원인이 우리 밖에 있다고 추정하는 것일 뿐, 그것이 존재한다고 말할 수 있는 것은 아니다. 이것은 하나의 인식인데 그렇다면 감각된 것만 알 수 있다는 로크의 주장은 성립될 수 없다는 것이다.

그래서 버클리는 감각적 경험만을 알 수 있다는 로크의 생각을 더 발전시켜 바깥에 존재한다고 하는 물질적 세계는 그것을 지각하는 주관을 떠나서 독립적으로 존재하지 않는다는 생각을 하였다. 이러한 인식론을 주관적 관념론(subjective Idealism)이라고 한다. 모든 존재는 그것을 지각하는 주관의 관념일 뿐이다. 즉 '존재는 지각(된 것)이다.(esse est percipi)'[29] 지각된 것은 마

조지 버클리

29) G. Berkeley, *A treatise concerning the principles of human knowledge* in *A New Theory of*

음속에 존재하는 관념이므로 결국 '존재는 관념이다'라는 명제가 성립된다.

그렇다면 예수회 주교이며 건전한 상식인인 버클리는 왜 이러한 주장을 하였는가? 왜 그는 외부 대상의 존재는 오직 나의 주관에 의해 만들어진 관념일 뿐이라는 생각을 하게 되었는가? 그의 생각은 진정 비상식적이고 불건전한 역설(paradox)에 불과한가?

버클리의 『인간지식론』 1절은 "인간 인식의 대상들을 연구해 본 사람이라면 누구나 이 대상들이 감관에 실제적으로 각인된 관념이거나 기억과 상상력을 통하여 형성된 관념인 것을 알 수 있을 것이다....예를 들어 어떠한 하나의 색깔과 맛과 향기와 모양과 경도가 함께 관찰되고 그것이 특정한 사물을 이루어 '사과'라는 이름으로 표시된다. 또 다른 관념의 집합체는 돌, 나무, 책 등의 감각물을 구성하는 것이다."[30] 라는 말로 시작된다. 버클리는 이러한 관념의 집합체 이외에 이러한 관념들을 지각하는 그 무엇 즉 '마음, 정신, 영혼, 자아'가 있다고 한다. 그에게 존재하는 것은 오직 마음과 마음이 갖는 관념이다.

버클리에게 있어서 '존재한다'는 말의 의미는 단순하다. 그것은 "내가 글을 쓰고 있는 이 책상이 존재한다고 말하는 것은 내가 그것을 보고 만진다는 것이다. 그리고 내가 서재 밖에 있을 때에도 나는 그것이 존재한다고 말할 것이다. 그것은 내가 서재

Vision and other Writings, London J. M. Dent & Sons LTD, New York, 1957. p. 114.
30) G. Berkeley, 같은 책, p. 113.

안에 있으면 그것을 지각할 것이라는 것을 의미하는 것이다."[31] 라는 말에서 찾을 수 있다. 버클리에게 있어서 존재한다는 것은 지각가능하다는 의미 그 이상도 이하도 아니다. "지각된다는 것 과 무관하게 사물이 절대적으로 존재한다는 말을 나는 전혀 이 해할 수 없다"[32]라는 버클리의 말은 로크에 대한, 그리고 합리론 에 대한 비판이다. 존재한다는 것은 지각되는 것을 의미한다. 결 국 지각의 한계가 인식의 한계이며 세계의 한계이다.

경험론이 말하는 인식의 한계는 감각의 한계이다. 그리고 감 각의 세계는 존재의 세계이다. 감각과 세계는 일치한다. 그렇다 면 감각할 수 없는 것, 예를 들어 실체는 존재하는가? 란 물음은 무의미하다. 경험론자에게 있어서 경험할 수 없는 모든 것, 더 정 확히 말해서 경험에 바탕을 두지 않은 모든 것은 '그 무엇'이며, 그것이 신이든, 자아이든, 영혼이든 알 수 없는 것이다.

관념론의 반대는 보통 유물론(materialism)이라고 한다. 유물론 은 오직 물질만이 존재한다는 주장이다. 그러나 철학적 관점에 서 관념론과 대비되는 이론은 실체론이다. 이는 경험과 상관없 이 외적 대상의 존재를 인정하는 이론이다.[33]

데카르트는 방법적 회의를 통해 자아존재의 확실성을 획득한

----

31) G. Berkeley, 같은 책, p. 114.

32) G. Berkeley, 같은 책, p. 114.

33) 소박실재론이나 재현적 실재론은 경험된 대상들이 실재한다는 주장이지만, 실체주의자들은 우리 경험과 상관없이 존재하는 것이 실체이며, 이 실체에 대하 서는 사유를 통해서 그 존재성을 증명할 수 있다고 말한다.

다. 물론 데카르트는 나의 존재에 대해서도 의심할 수 있는 가능성을 검토해본다. 만일 내가 존재한다는 믿음이 꿈속에서 일어나는 것일 수도 있다는 생각을 한다. 나는 내가 존재한다고 꿈속에서 생각할 수도 있고 그런 가능성이 있다면 나의 존재는 사실이 아니라 허상일 수도 있을 것이다. 그리고 그러한 가능성은 분명히 존재한다. 그러나 그럼에도 나의 존재는 분명한데, 내가 꿈을 꾸고 있다면 그 꿈을 꾸고 있는 주체는 있어야하는 것이 아닌가? 모든 것이 꿈이라고 해도, 그리고 그 존재가 모두 꿈속의 사물이라고 해도, 꿈을 꾸는 주체만은 존재해야 한다. 그러므로 꿈의 가설은 오히려 내가 존재함을 증명하는 것이다.

그리고 전지전능한 신이 내가 존재하지 않음에도 불구하고 내가 존재한다고 느끼도록 속일 수 있다는 생각을 해볼 수 있다. 그러나 이때도 물론 그렇게 의심할 수 있지만 그럼에도 나는 존재한다는 것이 분명히 드러난다. 왜냐하면 신은 누군가를 속이고 있고 그 누군가는 속임을 당하는 주체로 존재한다는 것이다. 아무 것도 존재하지 않는데 누굴 속인다는 말인가? 결국 악마의 가설 또한 내가 존재함을 증명하는 것일 뿐이다.

이처럼 나의 존재는 분명한 사실이다. 모든 것이 배제된 상태에서 갑자기 드러난 나의 존재, 내가 존재함은 그 순간에 직관적으로 확인되는 바다. 어떤 전제도 없기에 추론되지 않았으며, 오직 존재함이 즉각적으로 분명해지는 것이다. 이렇게 이성적 직관을 통해서만(방법적 회의를 통해 모든 경험적인 것이 배제되었기에)

제일원리, 명석판명한 명제가 도출되었다. '나는 생각한다 그러므로 나는 존재한다'는 명제는 필연적인 진리이다. 여기서부터 데카르트의 학문적 체계는 출발한다. 즉 제일원리에서부터 다른 명제들이 연역적으로 추론된다.

데카르트에 있어서 제일원리에 내포된 의미는 나의 존재의 확실성이다. 그래서 데카르트는 나를 정신적 실체(사유하는 실체)라고 한다. 이는 경험과 상관없이 그 자체로 존재함이 분명한 대상이며, 그 대상의 존재성은 사유이다. 그래서 '나'는 사유하는 실체이다. 그리고 나의 존재에서 연역된 '신'은 무한실체이며, 신에서 연역된 '세계'는 물질적 실체(연장적 실체)이다. 이렇게 데카르트는 정신과 물질을 유한 실체로 보았고, 반면 신은 무한실체라고 설정했다. 즉 데카르트에 있어서 신, 자아, 물질은 모두 실체이다. 그리고 실체란 존재하기 위해서 다른 어떤 것도 필요로하지 않는 독립체이다. 경험과 사유와 상관없이 그자체로 존재하는 것을 말한다.

관념론과 달리 실체론에서 인식의 한계는 존재하지 않는다. 사유는 존재하는 모든 것의 실재성을 증명할 수 있었다. 그리고 그러한 논리적 정합성을 갖춘 증명은 그 증명된 대상의 실재성을 의심할 수 없도록 확신하게 하며, 따라서 실체에 대한 모든 논의는 진리라고 규정할 수 있다.

인식을 경험된 것으로 한정하는 관념론이나, 모든 존재의 실체성을 사유를 통해서 논증하는 실체론이나 칸트의 관점에서 볼 때는 불완전한 인식론이다. 관념론이 인식의 영역을 경험으로부터 시작하고 그것으로 끝낸다는 점에서 훌륭한 생각이지만 그러한 인식의 궁극에서는 오직 주관의 관념만이 존재하는 유아론이나 상대주의가 문제이다. 그리고 데카르트의 생각은 오직 사유의 독단에 의한 실체론으로 그 실체는 논리적 구성물에 불과하다.[34] 이렇게 경험론과 합리론은 서로 상반된 입장에서 스스로의 한계를 설정하고 있는 것이다. 다음과 같은 코플스톤의 말은 이를 대변한다.

> 우리는 선천적 추론을 통해서나 아니면 이른바 본유관념들이나 본유적 원리들로부터의 수학에서와 같은 연역을 통해서가 아니라 오직 경험을 통해서만, 경험의 한계 안에서만 사실적 인식들을 얻을 수 있다. 물론 선천적 추론과 같은 것은 존재하며 우리는 순수수학에서 이를 발견할 수 있다. 그리고 그런 추론들을 통해서 우리는 확실한 결론에 도달한다. 그러나 수학적 명제들은 우리에게 세계에 관한 어떤 사실적 정보들도 전해주지 않으며 이들은 단지, 흄이 지적하였듯이, 관념들 사이의 관계만을 언급할 뿐이다. 세계에 관한 그리고 실재 일반에 관한 사실적 정보들을 얻기 위해서는 경험과 감각적 지각, 내성 쪽

---

[34] 이와 관련된 칸트의 유명한 명제가 있다. "직관 없는 개념은 공허하고, 개념 없는 직관은 맹목적이다"가 그것이다. 개념 없는 직관은 경험론을 지칭하고, 직관 없는 개념은 합리론을 지칭한다. 칸트가 보기에 둘 다 맹목적이거나 공허한 인식론일 뿐이다.

을 주목해야만 한다. 이러한 귀납추론에 기초한 지식들은 확률의 정도에 따라서 변화하기는 하지만 어쨌든 절대적으로 확실하지는 않으며 또한 그럴 수도 없다.[35]

칸트의 인식론적 고민은 바로 이러한 문제점에서 시작되었다. 그는 선천적이면서 종합적인 판단의 가능 근거를 확보하기 위해 『순수이성비판』을 저술하였는데, 그 결론은 실재적이면서 필연적인 인식이 가능하다는 것이다. 즉 칸트는 경험론의 귀납적 지식이 합리론적인 필연성을 가질 수 있다는 것을 믿었다. 앞에서 말한 인식의 선험성을 통해서였다. 여기서 그 논리를 자세히 검토하기는 어렵다. 하지만 필자의 논점에 따라서 볼 때 칸트의 이

순수이성비판

35) F. Copleston, *A history of philosophy*, 김성호 역, 『합리론』, 서울: 저광사, 1994, 44-45.

러한 주장 역시 인식의 한계 측면에서 경험론과 동일한 주장을 하고 있다.

칸트의 인식론은 로크와 일면 유사하다. 왜냐하면 칸트는 현상만이 알 수 있는 전부라고 주장한 점, 그리고 그 현상의 상관자로서 물자체를 인정하고 있기 때문이다. 그러나 그가 로크와 다른 점은 인식의 선험성, 즉 선험적 자아에 의한 인식의 필연성의 확보에 있다. 또한 버클리와의 차이점은 물론 물자체를 인정하고 있다는 점에서 찾을 수 있다. 물자체物自體(ding an sich)를 인정함으로써 버클리류의 주관적 관념론이라는 비판에서 벗어날 수 있었던 것이다.[36]

칸트 인식론의 궁극적 가능성은 바로 물자체와 선험적 자아에서 찾아진다. 그러나 칸트에게 있어서 그 양자는 결코 인식될 수 없는 것이다. 칸트가 그 양자에 대해 긍정적으로 규정하는 것은 '사유가능성', '의식가능성'일 뿐 결코 '인식가능성'은 아니다. 물자체를 인식할 수 없으므로 칸트는 관념론이다. 그러나 그는 또한 물자체의 존재를 인정하므로 실재론자라고 할 수 있다. 하지만 버클리의 말처럼 알 수 없는 물자체의 존재, 그것이 인식론적으로 무슨 의미가 있는가?

---

36) 칸트는 버클리의 철학적 결론에 대해 "관념의 유희"라고 비판한다. 그리고 데카르트적 논증주의자들을 '독단론자'라고 비판한다.

2 경험적 지식과 이성적 지식

진리란 무엇인가의 문제는 우리가 아는 다양한 지식에 대해서 그것이 참인지 거짓인지를 어떻게 구분하는가의 문제이다. 즉 진리를 판단하는 기준이 무엇인가? 내가 알고 있는 사실이 참인지 거짓인지 어떻게 확인가능한가? 에 답하는 것이다. 과학적 지식의 경우는 검증과 반증이 참, 거짓의 판단 기준이 된다.

우리의 앎에는 다양한 종류가 있다. 우리 주위에서 흔히 접하는 상식도 인식에 속하며, 좀 더 전문적으로 나아가면 과학적 인식도 있고, 신념에 가까운 종교적 인식도 있다. 주관적 인식도 있고, 객관적 인식도 있다. 논리적 인식도 있으며, 직관적 인식도 있다. 이렇게 다양한 인식들의 가치를 판단하는 문제는 인식론에서 아주 중요한 부분에 속한다.

예를 들어 상식과 지식과 신념은 어떤 인식이고 그 차이는 무엇인가? 상식은 건전한 이성을 가진 사람이면 누구나 인정하는 앎이다. 지식은 과학적 방법에 의해서 그 진리성이 보장되는 앎이다. 그리고 신념은 주관적으로 어떤 사실이 참이라고 믿는 앎이다.

'지구는 둥글다'는 것은 한 때 전문지식이었지만 세월이 흘러 상식이 되었다. '인삼은 몸에 좋다'는 사실은 상식이었지만 과학적 검증에 의해서 지식이 되었다. '지구는 태양계의 중심이다'는 사실은 종교적 신념이었으며 그 신념은 종교적 신앙의 분야 내에서 참된 앎이었다.[37] 이처럼 상식과 지식과 신념은 상호 침투하면서 서로에 의해서 진리성이 보장되거나 부정될 수 있다. 어쩌면 영원한 진리란 존재하지 않을 지도 모른다. 왜냐하면 인간의 능력은 한계가 있고 그러한 유한한 인식능력에 의한 앎이란 유한할 수밖에 없기 때문이다. 전리를 검증하는 것은 그 진리가 어떻게 주어졌는가의 문제와 밀접한 관련이 있다.

1) 경험론과 귀납추론

경험에 의해서 주어진 인식은 경험적 방법에 의해서 그 인식이 참인지 거짓인지가 구분된다. 경험적 인식의 수단은 경험이기 때문이다. 예를 들어 "설탕은 물에 넣으면 녹아 없어진다"는 명제는 경험에 의해서 검증될 수 있고, 그 검증에 의해서 사실임이 밝혀진다. 그 이유는 경험적 인식은 경험에 의해서 주어졌기 때문이다.

경험적 인식이 얻어지는 방법을 인식론에서는 '모사설模寫說 (copy theory)'이라고 한다. '모사'란 우리의 감각은 외부 대상에 대한 정보를 있는 그대로 반영한다는 생각에서 나온 개념이다.

---

37) 이러한 종교적 진리를 거부한 갈릴레이는 이단으로 사형을 선고받았다. 종교가 과학을 심판하고, 과학이 종교적 신념을 부정함으로써 인식의 진리성은 상대화되었다. 이러한 경향은 중세뿐 만아니라 고대와 현대에도 여전히 남아있다. 앞으로 보게 되듯이 이 문제는 필자의 주요 논제이다.

즉 우리의 관념은 대상을 닮아 있는데, 그러므로 관념을 가지고 대상의 성질을 유추할 수 있다는 것이다. 혹은 역으로 대상의 성질이 그대로 우리의 관념으로 반영된다고 생각할 수도 있다. 이러한 상식적 견해는 모든 사람들에게 통용되고 서로의 감각적 동일성에 의해서 유지되고 있다. 감각의 동일성에 대한 믿음으로 삶의 질서와 과학적 합의가 만들어진다.

관념과 대상의 유사성에 대한 믿음과 그 양자의 비교로 인한 진리성은 어떻게 확보될 수 있는가? 예를 들어 '시원한 맥주한 잔을 마셨다'라는 판단은 외부의 '시원한 맥주한잔'이란 대상 그 자체가 우리에게 모사된 것인가? 대부분의 사람들은 실제로 그렇다고 믿고, 일반적으로 타인도 그러하다고 생각하지만 이것의 진리성은 결코 우리의 주관을 벗어나서 증명될 수가 없는 것이다. 사람마다 '시원함'의 개념이 다르고, 그 정도도 다르기 때문이다. 이는 '치통'이란 관념도 마찬가지인데, 내가 느끼는 치통은 오직 나에게만 존재하는 것일 뿐, 그 누구에게도 같은 치통은 존재하지 않는다.

모사된 관념이 진리임을 주장하는 이론이 바로 대응설對應說 (correspondence theory)이다. 대응설이란 모사된 외부대상이 내 마음에 관념으로 존재하고, 그 관념과 외부 대상은 서로 대응한다는 주장이다. 따라서 내 관념의 진리성은 외부 대상과 대응할 때 확보된다. 대응설과 모사설은 모두 내 마음은 거울이며 그 거울에 비치는 것은 거울 밖에 존재하는 것이라고 믿는다. 존재하지 않는 것이 거울에 비칠 수는 없기 때문이다.

이러한 경험론에 근거한 모사설은 관념의 주관성, 관념을 받아들이는 감각의 부정확성으로 인해 결코 필연적이고 보편적인 인식을 보장할 수 없다. 예를 들어 눈에 보이는 달은 쟁반 크기만한데 우리의 감각이 달을 있는 그대로 모사한 것은 아니기 때문이다. 경험론이 주장하는 인식은 경험에 근거하는 한 결코 진리의 절대성을 확보할 수 없다. 그렇다면 그 결과는 진리 상대주의이며, 상대주의를 넘어서 회의주의로 나아간다.

경험론이 인식의 일반성을 확보하는 것은 같은 경험을 되풀이함으로써 가능한데, 이렇게 반복된 경험으로 보편 명제를 산출하는 추론이 귀납추론이다. 문제는 우리가 존재하는 모든 사실을 완전히 경험할 수 없다는 것이다. 그래서 경험론적 인식은 우리가 알고 있는 인식을 반박하는 새로운 인식이 발견되지 않는 한에서만 참이라고 말할 수밖에 없다. 즉 경험론은 늘 불안한 지식을 소유하고 있는 것이다. 예를 들어 '모든 까마귀는 검다'라는 명제는 여태까지 관찰된 까마귀가 모두 검었다는 사실에서 귀납적으로 추론된 경험적 인식이다. 그러나 얼마 전 하얀 까마귀가 발견되었다.

21일 정선군에 따르면 정선일대 녹색나눔숲, 봉양초등학교 운동장, 비봉산, 조양강변 등을 따라 최근 흰 까마귀가 까마귀, 까치 등과 무리지어 날아다니고 있는 모습이 포착되고 있다. 주민 조성윤(36·정선읍)씨는 "비봉산과 철미산 사이에 조성하고 있는 녹송공원의 녹색나눔숲에 일주일 전부터 흰 까마귀가 자주 눈에 띄고 있다"고 설명했다. 이번에 발견된 흰 까마귀는 흰부리 까마귀 종류로 알려졌다. 오전7~8시, 10시, 오후 3~4시께 등 하루 2~3차례 잠깐씩 모습을 보이고 있다. 중국에서는 흰 까마귀가 출현할 경우 황제가 나서서 제사를 지낼 정도로 상서로운 길조로 여기고 있다.(〈아시아경제〉 2012.7.21)

따라서 '모든 까마귀는 검다' 라는 명제는 거짓이 되었고, 새로운 명제인 '대부분의 까마귀는 검고 일부의 까마귀는 희다' 로 대치되어야 한다. 이렇게 경험적 지식의 진리성을 반박하는 방법을 보통 '반증反證'이라고 한다. 반대로 경험적 지식의 진리성을 확보하는 것을 '검증檢證'이라고 한다. 물론 그 둘 다 실험과 관찰이라는 경험적 방법에 의해서 가능하다. 반증은 경험으로 만들어진 기존의 진리가 거짓임을 확인하는 방법이라면 검증은 기존의 진리가 더 완벽한 진리임을 보여주는 방법이다. 여기서 중요한 것은 반증인데 어떤 경험적 진리도 항상 반증의 가능성에 열려있다. 이 말은

하얀까마귀 (〈아시아경제〉 2012. 7. 21)

경험적 지식은 결코 절대적 진리가 될 수 없다는 것을 의미한다. 물론 영원히 반증되지 않을 수도 있다. 그러한 믿음에 근거하여 과학적 세계관이 유지된다. 그리고 상식적 삶이 가능하다.

'존재는 관념이다'라고 주장하는 경험론자 버클리 또한 자신의 철학이 상식과 어긋난다고 생각하지 않았다. 그는 사람들이 탁자를 보지 않을 때 탁자는 존재하지 않는다는 주장을 하는 것이 아니다. 탁자는 존재하는데 그 이유는 우리가 다시 그것을 경험할 수 있기 때문이다. 그러나 이러한 생각들을 아무리 강조한다 하더라도 주관적 관념론일 뿐이다. 즉 나와 나의 경험에 세계의 존재성을 맡기고 있다.

이러한 결론은 결정적 비판에 직면하는데 그것은 바로 내가 존재하지 않을 때, 혹은 내가 지각하지 않을 때 사물의 존재성이 부정된다는 것이다. 물론 버클리는 신의 존재를 통해서 이 불합리한 점을 해결하려고 했다. 그리고 어떤 의미에서 버클리의 존재론이 목적한 바는 바로 이러한 신의 존재에 대한 증명이었을 것이다.[38] 하지만 철학적 견해로서 주관적 관념론은 분명 한계에 부딪힌다. 존재의 존재성을 상식적으로 규정하려 한 그의 견해는 오히려 상식적 차원에서 부정되는 결과를 낳게 된 것이다. 디드로는 버클리의 이론을 비판하기 위해 길가의 큰 돌을 발로 찼

---

38) 로크의 철학이 과학적 인식론을 표방한 과학적 작업이었다면 버클리의 철학은 과학보다는 신학과 더 친밀한 관계를 가진 일종의 종교철학과 같은 것이었다.(김효명, 『영국경험론』, p. 323)

다고 한다. 결코 돌은 관념이 아니라는 것을 증명하기 위해서.[39]

로크와 버클리를 이어 흄에 와서 경험론은 극단적 회의주의에 빠져든다. 그나마 인식의 근거로서의 실체를 인정한 로크의 사상은 버클리에 와서 그 실체마저 부정되고 완전히 주관적 관념론으로 흐르게 된다. 그럼에도 버클리는 인식의 가능 근거로서 자아의 실재성을 인정하고 있다. 그러나 흄에 이르러서는 자아의 실재성조차 부정됨으로써 인식자체가 부정되는 결과를 낳게 된다.[40] 즉 로크는 외부 대상의 실체는 실재하는 것이지만 그것에 대해 알 수 없다는 '불가지론'에 빠졌고, 버클리는 그런 실체조차 부정함으로써 존재하는 것은 나와 나의 관념이라는 유아론에 빠지게 되었다.

이러한 경험론을 철저히 발전시킨 흄은 실체와 함께 인식주체로서의 자아마저 단지 감각의 집합체에 불과하다는 주장을 하게 된다. 또한 모든 인식이 가능하기 위해서는 감각의 선후관계

----

39) 유물론자인 디드로는 버클리에 대해 다음과 같이 비판한다. "관념론자란 오직 자기 자신의 현존과 자기 자신의 내부에 반영되는 감각의 현존만을 승인하고 다른 어떤 것도 승인하지 않는 철학자를 두고 하는 말이다. 그것은 내가 생각하기에 맹인만이 만들어 낼 수 있는 터무니없는 체계이다. 게다가 이 체계는 인간의 지성과 철학의 치욕이면서 가장 불합리한 것이지만, 논쟁하기에는 가장 어려운 체계이다."

40) "우리는 대상들을 함께 묶어 주고 그것들의 단절과 변화를 가로막을 새로운, 그러나 이해할 수 없는 어떤 원리를 만들어 낸다. 그래서 우리는 우리의 감각에 나타나는 지각들의 단절을 제거하기 위하여 그것들의 지속적 존재를 가장하게 되고 급기야는 영혼, 자아, 그리고 실체라는 개념에 도달하게 된다."(D. Hume, *A treatise of Human Nature*, p. 254.)

를 토대로 한 인과율을 인정하여야만 하는데 흄에 의하면 인과율은 두 가지 감각적 사실이 과거에 항상 같이 붙어 다니는 것을 경험한 후에야 이 두 가지 사실에 인과적 관계가 있다고 습관적으로, 또는 상상에 의해서 추측하는 신념에 불과하다고 생각했다. 따라서 인식이란 다양한 감각적 자료를 통해 쌓이게 된 우연적 신념의 다발일 뿐이라는 회의주의로 흐르게 되었다.

경험론자들은 경험 혹은 인식의 기원과 한계, 그 의의를 밝히는 작업을 하였고, 그러한 작업에서 인간이란 어떤 존재인가에 대한 물음과 대답이 자연스럽게 들어있었다. 하지만 경험론자들에게 인간이란 어떤 절대적 존재로 받아들여진 것이 아니라 감각경험의 상관자로 시시각각 변화하는 존재였다. 그리고 그들에게 있어서 인식이란 단지 경험과 경험의 주체가 만들어낸 산물이며, 그 산물의 합이 우리가 살아가는 세계이다. 경험론은 상식에 근거하고 있지만 상식적 세계를 도출하지는 못했다. 이것은 우리 인간의 '경험'이 갖는 본질적 문제였다.

2) 합리론과 연역추론

경험론의 문제, 나아가 경험론의 한계나 역설은 이미 오래전부터 알려져 있었다. 합리론의 시조인 플라톤은 경험을 인식의 능력으로 보지 않았다. 그

흄

에게 진리의 대상은 이데아이고 이데아는 오직 이성적 사유에 의해서 파악되는 것이다. 이러한 플라톤의 생각은 데카르트에게로 이어졌다. 합리론을 체계적으로 완성한 데카르트에 있어서 철학하는 방법은 직관과 연역이라는 두 수단이다.

직관(intuition)이란 이성적 사유에 의해서 명제의 진리성을 명석판명하게 받아들이는 능력이다. 물론 이 때 직관을 위한 어떠한 경험적 지식이나 이론적 지식도 전제되지 않는다. 무전제의 상태에서 필연적이고 보편적인 명제를 인식하는 능력이 바로 직관이다. 그 직관에 의해서 발견된 이성적 진리를 데카르트는 '제일원리'라고 부르고, 스피노자Spinoza는 '공리公理'라고 부른다.

스피노자의 주요 저서의 제목은 "기하학적으로 논증된 윤리학(Ethica ordine geometrico demonstrata)"이다. 이 저서는 정의와 공리로부터 출발하여 연속되는 명제들을 체계적으로 증명해 나감으로써 결론에 이르는 체계를 구성하고, 확실하게 인식될 수 있는 진리로서의 실재와 인간에 대한 진리들을 설명하려는 의도에서 저술되었다. 결국 스피노자의 방법 또한 직관(몇 가지 정의와 공리, 및 요청) 그리고 연역(정리 및 증명)이다.[41]

스피노자

41) 스피노자는 『에티카』에서 무조건 타당한 명제를 정의와 공리라고 부르고, 그 정의와 공리로부터 정리와 증명을 도출한다. 이 때 정의와 공리의 타당성은 그 자

데카르트가 직관적으로 파악한 제일원리가 바로 '나는 생각한다 그러므로 나는 존재한다(Cogito ergo Sum)'라는 명제이다. 물론 스피노자에게 있어서 제일원리는 정의된 몇 가지 명제와 공리라고 불리는 명제들이다. 예를 들어 『에티카』의 제1 부인 〈신에 대하여〉의 제일 정의는 "자기원인이란 그 본질이 존재를 포함하는 것, 즉 그 본성이 존재한다고 밖에 생각할 수 없는 것 이라고 풀이한다."이다. 그리고 〈공리 1〉은 "일체 있는 것은 그 자신 안에 있거나 그렇지 않으면 다른 것 안에 있다"이다. 스피노자의 정의와 공리는 이성적 사유에 의해서 직접 알려진 것들이다.

그렇다면 그러한 제일원리만이 진리인가? 그 몇 가지 명제만이 진리라면 복잡한 우리의 세계와 이미 존재하는 학문적 진리체계는 무엇인가? 즉 우리의 인식체계는 복잡하고 무한이 많은 지식을 소유하고 있는데 그 모든 지식들은 어떻게 발견되며 또 그것이 진리임을 어떻게 알 수 있는가? 여기서 합리론자들이 찾아낸 학문의 방식이 연역演繹추

데카르트

체 부정할 수 없는 자기명증성에서 찾을 수 있다. 에티카의 제1부는 '신에 대하여'이다. 여기서 스피노자는 일체의 결과, 일체의 원인의 궁극적 원인이며, 동시에 스스로는 아무런 원인도 필요로 하지 않는 존재자, 즉 자기원인의 정의를 가지고 시작한다. 스피노자는 이 자기원인(Causa sui)을 실체와 동일시하고 다시 이 실체를 신과 동일시하고, 그리고 신을 자연과 동일시한다.(스피노자 저, 강두식 김평옥 공역, 『에티카』, 서울: 박영사, 1985. p. 43 이하 참조.)

론이다.

연역(deduction)이란 귀납과 대비되는 논리적 추리의 한 방법이다. 귀납법(induction)은 경험론적 지식을 얻는 추론 방법이다. 다양한 경험을 통해서 그 경험의 공통적 성격을 추론하여 하나의 명제를 이끌어내는 방법이다. 예를 들어 어느 날 태양 흑점폭발 때 지구상에서 전자파 교란이 일어났다. 그리고 또 다른 어느 날에도 그런 일이 있었다. 이러한 일이 매번 되풀이 되었다. 그래서 "태양 흑점 폭발은 지구상의 전자기기에 영향을 주는 전자파 교란의 원인이다"라는 과학적 사실을 도출한다. 이러한 추론은 동일한 인과관계가 여러 번 되풀이 될 때 그 원인과 결과의 관계를 법칙화하는 것이다.

경험적 지식은 경험적 사실들로부터 추론되어 성립된다. 하지만 이러한 방법 때문에 귀납적 추리는 그 결론의 진리성이 보장되지 않는다. 왜냐하면 모든 경험, 절대적인 경험이란 불가능하기 때문이다. 경험 가능한 다수의 사례들만으로 어떻게 그 지식의 엄격한 진리성을 보장받을 수 있겠는가? 그래서 경험적 지식을 통계적 법칙이라고 한다.

반면 경험을 인식의 방법으로 받아들이지 않는 합리론은 직관과 연역이라는 방법을 통해서 인식의 필연성을 확보하게 된다. 그러나 그러한 논리적 지식은 필연성과 보편성을 가진 진리이기는 하지만 결코 풍부한 내용, 대상적 내용을 담지하고 있지는 못하다. 또한 합리론자들은 연역적 논리를 사용해서 모든 존재의 존재성을 입증하려고 하며, 또 논리적으로 오류가 없는 한 그렇게 입증된 대상의 존재성을 받아들인다. 그러나 그 존재들은 단지 논리적 타당성만 가질 뿐 실재성을 갖지는 않는다.

예를 들어 삼단논법이 그러하다. 삼단논법은 명제들 간의 논리적 관계만을 문제 삼을 뿐 그 명제의 진리성에는 별 관심이 없다. 물론 최초의 명제가 참이라면 그 참인 명제에서 도출된 모든 결론들은, 그 과정이 타당할 경우에 반드시 참이 된다. 문제는 그 최초의 명제란 경험적으로가 아닌, 오직 사유에 의해서 참된 명제라고 판단된 것들이다. 그리고 사유에 의해서 참된 명제로 판단되기 위해서는 결국 동어반복적 명제이거나 분석적 명제이다. 그리고 그 명제의 참을 확인하기 위해 다른 명제나 경험이 필요 없는 명제들이다.

합리론적 인식의 타당성은 오직 합논리성에 있다. 따라서 논

삼단논법의 형식

삼단논법이란   A는 B이다.

　　　　　　　　 B는 C이다.

　　　　　　　　 따라서 A는 C이다.

● 삼단논법의 예

▶ 태희는 오늘도 빨간 립스틱을 발랐다.

▶ 빨간 립스틱을 바른 여자들은 감성이 풍부한 여자이다.

▶ 따라서 태희는 감성이 풍부한 여자이다.

리적으로 필연성을 가진 명제를 발견한다면, 이 명제로부터 어떠한 존재도 논리적으로 도출할 수 있고, 그렇게 도출된 것은 실재한다는 주장을 한다. 칸트는 합리론자들의 철학적 특성을 독단론이라고 비판한다. 왜냐하면 경험적 근거도 없는 존재를 실재한다고 주장하기 때문이다.

그들의 진리성은 논리적 추론의 한계에서 드러난다. 즉 현재 합리적 진리체계는 무수한 논리적 추론의 결과 이루어졌다. 그렇다면 그 추론을 역으로 소급하여 올라가면 결국 최초의 명제 혹은 존재가 있을 수밖에 없다. 그리고 그 최초의 전제의 진리성은 결코 추론에 의해서 주어질 수 없는 것이다. 물론 그래서 합리론자들은 직관된 명제를 발견하여야 한다. 하지만 직관된 명제는 과연 절대적으로 진리인가? 그것이 진리임을 어떻게 아는가? 의 문제가 발생한다.

칸트는 경험적인 것 이외의 존재에 대한 어떤 주장도 그 진리성이 검증될 수 없다는 주장을 한다. 경험론은 회의주의와 상대주의라는 단점을 가지고 있지만 합리론자들은 그보다 더 나쁜 경향, 즉 독단주의에 빠져 있다는 것이다. 데카르트는 이성적 사유를 통해서 끝없이 확장시켜 영혼의 불멸, 신의 존재, 세계의 존재를 모두 알 수 있다고 주장한다. 칸트가 보기에 이는 지식이 아니라 상상의 산물일 뿐이다. 그래서 칸트는 자신의 이전에 성립된 인식론들을 비판하고 보완하여 새로운 인식체계를 만들게 된다. 즉 경험적이면서(합리론의 비판) 필연적인(경험론의 한계극복)

지식의 가능성을 탐구하게 되고, 그러한 작업의 성공으로 선험 철학이라는 새로운 영역을 개척한다.

철학자들이 받아들이는 인식의 두 가지 경향인 경험론과 합리 론은 둘 다 한계를 가질 수밖에 없다. 그렇다고 그 양자를 종합 한 칸트의 사상은 완전무결한가? 사실 칸트 또한 경험론의 계열 에 서 있으며, 물자체를 인식할 수 없다는 주장을 함으로써 구성 주의라는 새로운 관념론, 선험적 관념론을 만들게 된다. 필자는 아래에서 철학적 인식론의 한계를 극복하는 새로운 인식론에 대 해 논의하고자 한다.

II 부

직관

Intuition

直觀

II부에서는 추론과는 반대되는 인식 작용인 직관에 대해서 살펴볼 것이다. 직관이란 '바로 본다'는 뜻이다. 바로 본다는 것은 분석이나 종합, 추론을 거치지 않고 어떤 것을 직접 인식하게 되는 방법이다. 따라서 직관은 경험적 지식이 얻어지는 귀납이나 이성적 지식이 발생하는 연역과는 전혀 다르다.

직관을 통해서 무언가를 인식하기 때문에 직관도 인식의 한 방법이라고 할 수 있다. 그러나 직관은 그 직관된 인식을 얻기 위해서 다른 어떤 전제나 추론을 필요로 하지 않기 때문에 그 인식의 참과 거짓을 검토할 방법을 발견할 수 없다. 단지 어느 순간 갑자기 직관되며, 그 직관된 지식은 검증이나 반증 없이 직관하는 주체에 의해 그 분명함이 입증되는 인식이다. 그러나 직관된 인식 내용들이 객관적이고 보편적인 인식으로 확인되기는 곤란한 면이 있다. 하지만 어떠한 직관이 참임은 동일한 직관을 체험한 다양한 사람들에 의해서 그 진리성이 검증될 수 있다.

이 글의 구성에서 볼 때 직관은 추론과 깨달음 사이에 있다. 그러나 직관이 추론과 깨달음 사이의 산술적 중간 단계의 인식이라고 할 수는 없다. 오히려 직관은 전제 없는 인식이므로 깨달음에 가깝다. 그리고 종교적 깨달음은 반드시 직관에 의해서 주어진다. 하지만 직관은 종교적 인식뿐만 아니라 경험적, 이성적 인식의 수단이 될 수도 있다.

    II부에서는 직관적 인식의 예로 칸트와 플라톤, 데카르트를 살펴보고, 종교적 직관의 예로 불교와 기독교를 검토할 것이다.

3 무전제의 인식, 직관

　지금까지 과학의 바탕인 추론적 인식에 대해서 살펴보았다. 그 결론은 인식이란 경험과 사유에 의해서, 혹은 양자의 결합으로 이루어진다는 것이다. 이 말은 감성과 이성만이 인식의 능력이라는 의미이다. 따라서 우리가 알 수 있는 것은 경험과 사유를 통해서만 주어진 것이고, 그 이외의 인식 방법은 존재하지 않는다는 주장이다. 과연 그러한가? 오직 경험과 추론을 통해서만 인식할 수 있는가? 이 장에서는 경험과 사유를 통한 인식인 추론과는 다른 새로운 인식능력으로서의 직관에 대해 알아볼 것이다.

1) 직관이란

　지금까지 살펴본 인식론은 감성과 이성에 의한 인식이다. 그리고 이러한 인식에 의해서 인간의 과학과 학문은 발전하여 왔다. 현대 과학은 철저히 경험주의적 기반 위에서 시작하였다. 그러나 최근의 경향은 이러한 과학적 물질주의와 학문적 이성주의가 반드시 인간의 모든 문제를 해결해주지는 못한다는 결론에 도달한 듯하다. 물론 그러한 생각의 이면에는 물질주의와 과학주의, 이성주의와 도구주의가 갖는 한계와 부작용이 존재한다.

　서구의 과학문명은 물질과 사리事理에만 정통할 뿐, 보이는 세계 이면의 가치, 즉 영혼과 신의 영역에 대해서는 침묵한다. 물론 자연과학의 침묵에는 이유가 있다. 그들의 작업 방식이 감성과 이성을 통한 종합과 추론일 뿐, 그 이상의 어떤 인식 능력을 부정하기 때문이다. 뿐만 아니라 과학은 존재의 양적 관계를 문제 삼을 뿐이다. 수학적 논증과 이성적 추론이 배제된 과학은 존재하지 않는다. 그러나 비교와 종합과 추론 이외에 직관을 통한 인식이 존재한다. 지금까지의 학문적 방법과는 다른 방식이어서 부정되지만 이러한 부정이 직관적 인식의 부재를 증명하는 것은 아니다.

직관直觀(intuition)이란 다양한 경험 작용이나 사유의 복잡한 전개와는 다른, 인간이 가진 특별한 인식 능력이다. 이는 인식능력이긴 하지만 종합과 추론의 방법이 아니라는 면에서 제3의 인식능력이라고 부를 수 있다. 즉 직관은 경험의 종합이나 논리적 추론과는 다른 인식방법을 말하는 것이며, 굳이 표현한다면 '무전제의 인식'이다. 이 말은 어떤 새로운 정보를 얻기 위해서 그 이외의 다른 전제를 필요로 하지 않는 인식방법을 뜻한다. 즉 귀납적 추론이나 연역적 추론을 벗어난 것을 직관이라고 부른다. 그래서 '바로 본다', 혹은 '바로 안다'는 의미로 이해된다.

문제는 추론되지 않았기 때문에 그것의 참 거짓이 확보되지 않는다는 점이다. 오히려 그것의 참과 거짓을 구분할 방법이 없다는 점이다. 어떤 명제의 참과 거짓은 그 명제를 도출하는 전제의 참이나 그 명제가 결론으로 이끌어지는 논리적 방법의 타당성에 의지하기 때문이다. 감각적으로 혹은 이성적으로, 그리고 종교적으로 직관에 의해서 인식된 내용이 존재한다. 그러나 그것의 진리성은 객관화될 수가 없다. 직관된 내용은 그 직관의 주체에게는 명확한 인식내용이긴 하지만 보편적 인식이라고 할 수는 없다는 것이다. 내가 한 송이의 장미를 볼 때 '빨강'이라는 지각을 가지며, 이 지각은 그 자체 나의 감각에 의해 분명한 것이지만 빨강 그 자체가 참이거나 거짓은 아니다. 단지 나에게 '빨강'이 지각된다는 것만이 진리일 뿐이다.[1]

직관은 '직각直覺'이라고도 부른다. 바로 깨닫는다는 뜻이다. 직관이나 직각, 모두 나의 인식대상에 어떤 다른 과정이 필요하지 않은 인식이다. 추론이나 종합 활동을 하지 않고 바로 대상을 받아들이는, 혹은 인식하는 능력으로서 직관은 세 가지로 구분된다.

첫째, 인식의 기초, 재료를 제공하는 경험활동으로서 그것 자체는 아직 규정된 인식을 생산하는 것이 아닌 인식활동을 말한다. 즉 감각적 직관, 혹은 경험적 직관이다.

둘째, 대상을 직접적으로 파악하는 인식 작용으로 사유작용이지만 그 사유는 종합이나 추리를 배제한 사유이다. 이성적 직관이나 지적 직관, 혹은 철학적 직관이라고 부른다.

셋째, 경험적인 직관과 이성적 직관과 달리 어떤 대상을 인식함에 있어서 경험과 사유를 떠나 비과학적으로 파악하는 능력이다. 종교적 혹은 초월적 직관이라고 부를 수 있다.

---

1) 러셀, 『철학이란 무엇인가』, p. 133 이하 참조.

2) 경험적 직관

경험적 직관이란 한마디로 외적 대상에 대한 직접적 감각을 말한다. 상식적으로 볼 때 감각이 발생하는 것은 어떤 절차를 거치는 것이 아니라 대상과 감관과의 직접적 관계로 인해서이다. 즉 나와 대상을 매개하는 그 무엇도 존재하지 않는다. 이러한 경험적 직관은 사태 그 자체가 우리의 감각에 주어지는 것을 말하는 것이지, 그것에 대한 판단이나 추리는 배제한다.

우리의 감각은 외부대상과 중간 작용이나 매개체가 없이 직접 관계한다. 그 직관적 관계는 나의 감성에 그 무엇인가를 남긴다. 하지만 직접 감각에 파악된 그것은 인식이나 진리라 표현하기는 부족한, 단순하고 독립적인 그 무엇이다. 경험론에서 말한 바 감각자료(sense data)는 바로 경험적 직관에 의해 주어진 대표적인 인식론적 소여이다.[2]

러셀은 그의 인식론적 저서인 『철학이란 무엇인가』에서 감각자료들은 직관적으로 명백하고 다른 어떤 것에도 의존하지 않는 자명한 대상으로서 우리가 직접적으로 아는 것은 우리의 감각에 나타난 감각자료들 뿐이라고 말한다. 그리고 이러한 감각자료들만 실재하는 것이며 세계는 감각자료들의 논리적 구성물에 지

----

[2] 물론 여기서 소여물은 우리 감각에 주어진 것이란 뜻에서 무언가 외적 정보를 담고 있지만 그것이 어떤 인식의 단계로 나아간 지식은 아니다. 그렇지만 분명 우리 인식주관에 주어진 것이란 뜻에서 아무 것도 아닌 것은 아니다. 굳이 말한다면 인식주관의 감각적 상관물일 뿐이다.

나지 않는다는 입장이다.[3]

　경험적 직관과 직관의 내용에 대해 구체적으로 설명한 대표적인 철학자가 바로 칸트이다. 칸트는 경험론자이면서 합리론자이지만, 그의 인식론적 사고의 출발점은 경험론이다. 칸트『순수이성비판』「감성론」의 첫 구절은 다음과 같다.

> 인식이 대상에 관계하는 방식과 수단이 어떠하든 간에, 인식이 대상에 직접 관계하고 또 모든 사고가 그 수단으로서 구하고 있는 것은 직관이다... 감성에 의해서 대상이 우리에게 주어지고, 감성만이 직관을 우리에게 준다.[4]

　위의 인용문에서 보듯이 칸트에 있어서 직관이란 두 가지 의미를 갖는다. 하나는 인식이 대상에 직접 관계하는 것이고, 다른 하나는 모든 사고가 그 수단으로 구하고 있는 것이다. 전자는 인식의 방법을 말하고 후자는 인식의 내용을 말한다. 좀 더 자세히 말하면 칸트에 있어 직관이란 가장 원초적인 인식 작용이면서 가장 단순한 인식 내용이라는 뜻이다. 또 하나 분명한 것이 칸트가 말하는 직관은 오직 감각의 주체인 감성의 능력이지 결코 이성의 능력이 아니다. 그래서 감성만이 직관을 준다고 말하는 것이다.[5]

---

3) 러셀,『철학이란 무엇인가』, p. 12 이하 참조.
4) I. Kant,『순수이성비판』, B 33.
5) 감성이 직관의 능력이라면, 오성은 사유하는 능력을 갖는다. 그렇다고 오성이 직관과 무관한 것이 아니라 오성의 사고는 간접적으로 직관과 관계한다.

직관은 대상이 우리에게 주어지는 한에서만 존재한다. 그러나 이런 일은 적어도 우리 인간에게는 마음이 어떤 방식에서 촉발됨에 의해서만(in so far as the mind is affected in a sertain way) 가능하다.[6]

위의 인용문이 뜻하는 바는 직관이 감성 스스로의 작용이나, 감성만의 작용이 아니라는 것이다. 즉 여기서 우리가 알 수 있는 것은 경험적 직관이 인간의 자발적 능력이 결코 아니라는 것이다. 위에서 중요한 개념은 바로 '촉발觸發'이다. 칸트 인식론에서 '촉발됨'은 인식의 기원과 내용과 한계 까지 규정지우는 핵심 개념이다. 이 촉발이란 개념을 통해서 우리는 직관작용은 대상이 우리의 심성(즉 감성)에 주어질 때 가능한 것이고, 즉 대상이 어떤 식으로든 우리 감각을 유발할 때 가능한 것임을 알 수 있다. 나아가 이 말은 감성이 수동적인 인식능력임을 강조하면서 동시에 아직 검토되고 있지는 않지만 인식의 능동적 측면이 존재함을 암시하고 있다.

촉발은 나 이외에 그 무언가를 전제하는 개념이다. 물론 여기서 칸트가 말하는 대상은 인식과 관계 맺기 이전의 어떤 것이다. 그러므로 그것이 무엇인지 모른다. 칸트의 용어로 볼 때 이것은 물자체物自體(thing itself)이다. 물자체란 인식 주관과 독립된 사물 자체란 의미를 갖는다. 이 물자체가 어떻게 감성을 촉발하는지

---

6) I. Kant, 『순수이성비판』, B. 33.

에 대해서는 더 이상 알려진 바가 없다. 아니 이는 알려질 수가 없다. 왜냐하면 촉발이 바로 인식의 가장 최초의 단계이기 때문이다. 따라서 촉발 그 이전이란 무의미한 추측일 뿐이다.

칸트는 우리가 외부 대상과 인식론적 관계를 맺는 그 찰라를 촉발이란 말로 표현하고 있다. 중요한 것은 이러한 촉발로 인해 직관작용이 발생한다는 것이다. 그리고 그 작용의 결과 주어지는 것이 감각이다. 엄밀히 말하면 감각작용이다.

> 우리가 대상에 의해서 촉발되는 한에서 대상이 인간의 표상능력에 미치는 결과가 감각(sensation)이다. 감각을 통해서 대상에 관계하는 직관을 경험적(empirical)이라고 한다. 경험적 직관의 무규정적 대상(undetermined object)을 현상(appearance)이라고 한다.[7]

칸트는 인식의 첫 단계로서 대상이 인식 주관에 관계하는 것을 경험적 직관이라고 말하고 있다. 그리고 경험적 직관작용은 한마디로 표현하면 감각이다. 즉 경험적으로 대상과 직접 관계하는 인식 작용을 감각이라고 부른다. 문제는 그 감각 작용의 결과 얻어지는 것, 즉 현상現象이 어떤 것인가 하는 것이다.

칸트는 경험적 직관으로 우리 감각에 드러나는 그것을 현상이라고 부르는데, 풀어서 말하면 '드러난 모습'이다. 그런데 이 현상은 그냥 현상이 아닌 '무규정적'[8] 현상이다. 무규정적이란 아

---

7) I Kant,『순수이성비판』, B. 34.

8) 무규정적이란 비규정적, 혹은 미규정적이란 말과 같다. 칸트는 무규정적

직 규정되지 않았다는 뜻이다.

규정되지 않았다는 것은 직관을 통해 우리 감각에 무언가 드러나긴 했지만 그것이 무엇인지 아직 알 수 없는 것이란 의미이다. 이는 칸트의 인식론 속에서 말하면 아직 판단되지 않았다, 혹은 아직 사고되지 않았다는 말을 의미한다. 직관된 상태는 사유 작용 이전의 상태이므로 그것이 무엇인지 인식하기 이전의 단계일 뿐이다. 예컨대 장미가 내 시각에 들어왔는데 단지 어떤 형태와 색깔로 감각되었을 뿐, 그것이 무슨 형태이고 무슨 색인지에 대해서는 아직 알려지지 않았다는 것이다.

칸트에 있어서 경험적 직관은 어떤 대상을 인식하기 위한 가장 원초적 단계의 작용이다. 따라서 경험적 직관으로 인식이 시작되지만 그것은 어떤 판단작용 이전의 인식 작용이며, 대상과 내가 직접 만나는 작용이다. 이러한 경험적 직관의 의미는 이성적 직관이나 종교적 직관을 이해하는 바탕이 된다.

3) 이성적 직관

플라톤에 있어서 인식은 오직 이성의 능력으로 가능하고, 이성의 인식능력은 사유이면서, 이 사유는 곧 이데아를 통찰하는 능력이다. 그에게 있어서 이데아는 단순한 인식대상이 아니다. 예지계에 속하는 정신적 존재인 것이다. 즉 감각의 대상으로서

현상을 규정된 현상과 구별한다. 전자를 erscheinung이라고 부르고, 후자를 phaenomenon이라고 부른다.

사물이 있다면, 정신의 대상으로서 이데아가 존재한다. 그리고 정신이 이데아를 파악하는 것은 오성의 종합작용이 아니라 이성적 직관에 의해서이다. 플라톤에 있어서 인식의 네 단계 중에서 가장 상위의 인식은 직관에 의해서 주어진다.

> 이제 당신들은 이 네 부분과 상응하는 것으로서 정신의 네 가지 상태를 생각할 수 있을 것이다. 제일 높은 것은 순수지, 직관지이며, 둘째는 추론지, 간접지이며, 셋째는 신념과 소신이며, 넷째는 상상이다.[9]

여기서 추론지는 수학적 지식을 말하고, 순수지 혹은 직관지는 형상, 즉 이데아에 대한 지식을 말한다. 그리고 이러한 직관지는 형상을 직접 파악하여 얻어지는 것이다. 이에 대해『서양철학사』를 저술한 사무엘은 다음과 같이 말한다.

> 정신은 이제 가시적 대상들의 상징적인 성격들로부터 어떠한 간섭도 받지 않고 이들 순수 형상들을 취급한다. 또한 여기서 정신은 더 이상 가설들을 사용하지 않는다.

----

9) 플라톤, *Politeia*, 이병길 역,『국가론』, 서울: 박영사, 2006, p. 204.
이데아는 보편자로서 실재한다. 플라톤은 이데아의 정신적 측면으로 인해 관념론이라고 불리지만 실제로는 이데아의 존재를 인정한다는 의미에서 실재론자라고 할 수 있다. 그러나 플라톤은 그러한 실재를 이성에 의한 깨달음으로 파악하였다. 물론 이러한 플라톤의 생각에 대한 반대자들은 경험적 명목론자들이다. 유명론자로 불리는 이들은 보편이란 단지 이름일 뿐이라고 주장한다. 즉 구체적으로 빨간 사과는 존재하지만 붉음은 존재하지 않는다는 것이다. 이들은 존재에 대한 관점이 완전히 상반된다.

왜냐하면 가설들은 제한되고 고립된 진리들만을 나타내기 때문이다. 이 정신이 가설들의 제한을 초월해서 모든 형상들의 통일에로 지향할 수 있을 때 이러한 최고 수준의 지식에로의 접근이 가능하다.[10]

사무엘의 말처럼 '더 이상 다른 가설들을 사용하지 않는', '가설들의 제한을 초월한' 인식방법은 이성적 직관이라고 할 수 있다. 이러한 플라톤의 이성적 직관이 좀 더 명확한 인식방법으로 드러난 것은 데카르트의 철학에서이다.

데카르트에게 있어서 인식의 방법은 직관과 연역이다. 직관은 방법적 회의를 통해 데카르트가 자아의 확실성을 인식하는 방법이고, 연역은 그러한 직관된 명제에서 추론된 지식이다. 그래서 직관이 없다면 데카르트의 합리주의는 가능하지 않다. 왜냐하면 합리주의의 모토는 '모든 경험적인 것을 떠나서 가능한 인식의 제일원리를 확보하기'라고 할 수 있기 때문이다.

데카르트적 사유의 원래 목적은 직관을 얻기 위한 것이었다. 그래서 '방법적' 회의라고 한 것이다. 경험이 인식의 유일한 기원이라고 주장하는 경험론자들의 주장에 맞서 순수 이성적 사유를 통해서 인식이 가능함을 보여주려는 데카르트의 의도는 방법적 회의라는 인식론적 실험을 수행하게 했다.

방법적 회의는 두 단계로 이루어지는데 첫째는 감각적 지식에

----

10) Samuel E. Stempf, *A History of Philosophy*, 이광래 역,『서양철학사』, 서울: 종로서적, 1998. p. 80.

대한 의심이고, 둘째는 수학적 지식에 대한 의심이다. 이 양자의 방법적 회의는 결국 같은 방식으로 진행된다. 모든 선행 지식을 배제하기 위한 회의를 수행하는 것이다. 감각적 지식에 대한 방법적 회의는 꿈의 가설이다. 데카르트의 물음은 간단하다. 즉 우리의 모든 감각적 지식에 대해 우리는 항상 그 생생함으로 인해 참된 지식으로 인정하고 있지만 과연 그래서 그 감각적 지식은 전혀 의심할 수 없는 절대적인 지식인가? 이다. 이에 대해 지금 우리가 하고 있는 모든 감각 경험 작용이 꿈에서 일어나는 것으로 생각해볼 수는 없는가? 왜냐하면 우리는 꿈속의 경험도 너무나 생생하여 실제적 감각과 동일한 경험이라고 착각하기도 하기 때문이다. 데카르트는 꿈과 현실을 구분할 수 있는 기준이 생생함이라면 그 양자는 결코 구분되지 않는다고 말한다. 이러한 의심의 가능성은 감각 경험이 절대적 지식이 될 수 없음을 알려준다. 데카르트가 말하는 진리는 의심할 수 없는 절대적인 명제이기 때문이다. 따라서 감각적 지식은 우리 학문의 전제로 사용할 수 없으며, 따라서 감각적 지식들은 판단중지해서 모든 인식의 재료로 사용하지 말아야 한다.

그러므로 나는 내가 보는 모든 것이 거짓이라고 가정하자… 그렇다면 무엇이 참된 것이라고 생각될 수 있을까? 아마도 이 한 가지, 즉 이 세상에 확실한 것은 아무 것도 없다는 것이리라… 나는 이미 내가 어떠한 감각이나 육체를 가지고 있다는 것을 부인하였다. 그렇지만 나는 주저한다.... 나는 이 세상에는 아무 것도 없다고, 하늘도 땅도 정신도 없다고 스스로 확신하였는데, 그렇다면 나도 없다는 것도 확신하였는가? 그것은 분명히 아니다. 내가 확신할 때 또는 다만 내가 무엇을 생각하였을 때 나는 틀림없이 있었다.[11]

여기서 '아무것도 없다고 확신한 상태', 이 무전제의 상태에서 데카르트에게 직관적으로 떠오른 존재가 바로 사유하는 자아 자체이다.

이성적 지식에 대한 방법적 회의는 '악마의 가설'이라고 한다. 데카르트는 가장 확실한 이성적 지식이라고 할 수 있는 수학의 예를 든다. 2+3=5라는 것은 절대 의심할 수 없는 진리인가? 라고 묻고 그 의심 불가능성을 검증한다. 그런데 모든 것을 할 수 있는 전지전능한 신이 있다면 2+3=4인데 이를 5라고 판단하도록 우리를 속일 수 있다고 생각할 수는 없는가? 이러한 물음에 데카르트는 충분히 그러한 의심이 가능하고 따라서 이성적 지식 또한 의심할 수 없을 정도의 절대적 지식이 아닐 수 있다고 생각한다.

그러나 나도 모를 어떤 위력을 가진 매우 간교한 사기 꾼이 있어서 나를 속이는데 항상 그의 모든 계교를 부린다. 그러므로 그가 나를 속인다면 내가 있다는 것은 조금도 의심이 없다. 내가 어떤 것이라고 생각하는 한, 그

11) R. Descartes, 『성찰』, p. 141-2.

가 원하는 대로 나를 속인다고 해도 그는 내가 아무 것
도 아니게 할 수는 결코 없다. 그러므로 잘 생각해 보고
나면, 또 모든 것을 세밀히 조사하고 나면, 마침내 '나는
있다, 나는 존재한다' 라는 명제는...참이라고 결론 내려
야 하며, 항구적인 것으로 생각하여야 한다.[12]

방법적 회의는 회의의 가능성을 검토해보는 것이고, 어떤 지
식이 진리가 아닐 수 있다는 의심의 가능성이 조금이라도 존재
한다면 그것에 대한 판단을 중지하고 인식의 기초로 삼아서는
안 된다는 것이 그 핵심이다.

이 방법적 회의를 통해 감각적 지식과 이성적 지식이 모두 판
단작용에서 괄호 속에 넣어진다면 우리는 무엇을 가지고 학문을
시작할 수 있을까? 이러한 데카르트에게 직관적으로 떠오른 사
실이 바로 의심하는 존재로서 '나'는 의심하는 주체로서 결코 의
심되지 않는 존재, 의심의 가능성이 전혀 없는 존재라는 것이다.

"나는 생각한다. 그러므로 나는 존재한다(Cogito ergo Sum)"라
는 제일원리는 그 문장의 형식 때문에 추론된 명제로 오해받는
다. 하지만 이 명제가 뜻하는 바는 '사유하는 존재'를 뜻할 뿐 사
유하기 때문에 존재한다는 의미는 아니다.

의심을 통해서 모든 것이 배제되었지만 의심하는 나는 그 순
간 의심의 주체로서 반드시 존재하고 있다는 것이다. 그렇다면
의심하는 나의 존재, 사고하는 나의 존재는 방법적 회의에 의해

---

12) R. Descartes, 『성찰』, p. 142.

서도 의심할 수 없는 것인가? 즉 모든 의심의 가능성에서 자유로운, 그래서 명확하고 필연적인 존재인가? 만일 그렇다면 나의 존재는 경험에 의지하지 않고 존재하는 것이 분명하게 드러나는 직관적 사실이 될 것이다.

여기서 중요한 것은 방법적 회의를 통해 데카르트가 도달한 상태는 아무런 전제도 없는 무전제의 상태라는 것이다. 왜냐하면 감각적 지식도 이성적 지식도 의심의 가능성이 있으므로 판단중지 하였기 때문이다. 이러한 상태가 바로 사무엘이 말한 '모든 가설을 초월한 상태'이다. 그리고 이러한 상태는 공의 상태, 혹은 무의 상태로 표현할 수도 있을 것이다. 이러한 공의 상태에서 직관은 오직 '이성의 빛'에 의해서 비추어진 것이다.

> 내가 이해하는 직관이란 변동이 심한 감각의 믿음이나 그릇되게 그려 내는 상상력의 판단이 아니라 순수하고 주의를 집중하는 정신의 단순하고 판명한 파악이며, 그래서 이렇게 인식되는 것에 대해서는 그 어떤 의심도 품을 수 없는 것이다. 혹은 같은 말이지만, 직관은 순수하고 주의를 집중하는 순수한 정신의 의심할 여지없는 파악이며, 이것은 오직 이성의 빛에서 유래하는 것이다.[13]

데카르트의 '나는 존재한다'는 명제, 제일원리는 결코 추론된 것이 아니다. 만일 추론된 것이라면 방법적 회의에 의한 무전제

---

13) R. Descartes, 『정신지도를 위한 규칙』, 규칙 3.

의 상태라는 것이 인정될 수 없다. 왜냐하면 추론은 전제를 요구하고 그 전제는 다시 방법적 회의에 의해서 괄호 쳐져야 하기 때문이다. 그러므로 제일원리는 무전제에서 주어지는 직관적 진리이다.

그리고 이 직관은 데카르트의 말대로 '이성의 빛'이 비친 상태에서 주어지는 것이다. 하지만 그것은 이성의 차원이지만 이성적 사유와 추론의 산물은 아니다. 데카르트의 직관이 사유적이라는 것은 맞지만 사유의 산물은 아니다. 다시 말해서 사유를 통해서 추론한, 혹은 논증된 결과는 아니다. 엄밀히 말해서 직관은 사유적이지도 비사유적이지도 않은, 그 접점에 존재하는 것이 아닌가 판단된다. 그렇다면 그 중간지점을 무엇으로 규정할 수 있을까? 필자는 이 지점을 이성적 깨달음으로 규정하고자 한다. 이성적 사유의 궁극에서 주어지는 깨달음, 수행이나 명상을 통한 깨달음과는 다르지만 사유의 극한에서 문득 주어지는 인식으로 지금까지 사유와는 전혀 무관한 독립된 인식이기 때문이다. 데카르트의 직관은 사유의 끝에서 드러나는 비사유적 인식이다. 왜냐하면 직관은 경험도 사유도 없는 상태에서 문득 이성의 빛이 비추어 밝게 드러난 것이기 때문이다.

4 한동석의 『우주변화의 원리』와 직관적 인식

    한의학자이자 사상가인 한동석(1911-1968)[14] 선생은 정역正易을 깊이 연구하였고, 상수학적 우주론인 『우주변화의 원리』를 저술하였다. 한동석의 관심은 우주변화의 법칙을 동양철학적 논리로 규명하는 것이었다. 즉 "우주는 어떻게 움직이며, 인간과 만물은 어떻게 그 속에서 변화하면서 생멸하는가 하는 문제"[15]를 밝히는 것이다. 그는 이러한 작업을 "신비개발의 임무"[16]라고 규정한다. 일반적으로 신비개발이란 말은 개념적이고 논리적인 것과는 반대되는 것이며, 따라서 이는 합리적 영역이라기보다는 직관이나 신령한 영역에 속한다고 볼 수 있다.

    한동석은 우주 변화의 원리를 신비의 영역으로 규정하고 이를 알아가는 것이 철학의 영역이며 인간의 의무라고 말한다. 그가 말하는 신비개발의 방법론이 음양오행의 법칙이다.[17] 한동석이 '신비'라는 말로 뜻하는 것은 아직 알 수 없는 우주의 법칙이며, 그 법칙을 탐구하는 것이 바로 신비개발이며, 이 신비개발의

---

14) 한의사로서 『황제내경』을 일만독하였다고 전해진다. 김일부의 정역에 대한 우주론적 저서인 『우주변화의 원리』를 저술하였다.

15) 한동석, 『우주변화의 원리』, 서울: 대원출판, 2001, p. 10.

16) 한동석, 같은 책, p. 10.

17) 이와 같은 탐구욕은 드디어 신비개발의 수단이며 방법인 우주 운행의 법칙을 발견하게 되었으니 이것이 바로 음양오행의 법칙이다.(한동석, 같은 책, p. 11) 이러한 방법론은 그 목적에 도달하는 특유의 방법이다.

도구가 음양오행법칙이다. 이를 거꾸로 말하면 음양오행의 법칙을 통해서 우주변화 원리를 탐구하고, 그 결과 우주의 법칙을 규정하게 되는 바, 이러한 측면에서 볼 때 우주의 법칙은 결코 일상적 의미의 '신비'의 영역은 아니다. 신비와 미신의 차이에 대한 다음의 말에서 이를 확인할 수 있다.

> 신비와 미신과의 개념의 차는 다만 그것을 인정하지 않는 데에 구별이 있을 뿐이다. 즉, 그 사실을 인정은 하지만 인간의 지능으로 알아낼 수가 없을 때에 이것을 신비라고 대우하고, 그 사실을 전혀 인정할 수 없을 때에 그것을 미신이라고 천대한다는 구별의 차가 있을 뿐이다.[18]

즉 신비란 결코 존재하지 않는 어떤 것에 대한 잘못된 믿음이 아니라는 것이다. 오히려 신비란 존재하는 것이지만 그것에 대해 정확히 알 수 없는 지식의 한계로 인해 접근이 불가능한 대상이다. 문제는 이러한 신비에 접근하는 방법론이다. 필자는 아래서 한동석의 학문적 토대는 경험과 추론이 아닌, 직관과 깨달음임을 확인하고자 한다.[19]

------

18) 한동석, p. 401.
19) 물론 한동석의 모든 학문적 과정을 직관과 깨달음으로 규정할 수는 없다. 필자는 그가 우주변화의 원리를 탐구하는 출발점에서 상수학적 방법을 언급하는데 그 상수학의 방법이 바로 직관임을 보여주고자 하는 것이다. 그의 학문체계는 직관으로 얻은 상수학적 명제들을 바탕으로 우주의 운동과 변화를 연역하는 방식을 취하고 있다.

1) 한동석의 서양철학관

한동석의 철학적 방법은 그 스스로 밝히고 있듯이 동양학적이며 신비적이다. 그리고 그 목적은 우주의 본성을 파악하는 것이다. 이는 그가 탐구하는 학문의 목적이 무엇인지를 살펴보면 분명히 드러난다. 그가 머리말에서 말하고 있는 것처럼 "우주는 어떻게 움직이는지, 인간과 만물은 어떻게 그 속에서 변화 생멸하는지 등의 문제"[20]이다. 물론 서양철학도 이러한 문제의식을 갖고 있으며, 또 그 문제를 해결하기 위해 노력해 왔다. 그러나 한동석은 서양철학은 결코 이 문제를 제대로 연구할 수 있는 수단은 아니라고 생각했다. 오직 동양학의 문제의식으로 "신비개발의 수단이며 우주 운행의 법칙을 발견하게 되었으니, 이것이 바로 음양오행의 법칙"[21]이라고 단언한다. 또한 그는 음양오행의 운동법칙에 대해 정의하기를 "우주의 변화법칙이며 만물의 생사법칙이며, 정신의 생성법칙"[22]이라고 한다. 그리고 이 목적을 수행하는 것이 동양학의 진정한 의미라고 말한다.[23]

이러한 주장에서 알 수 있듯이 한동석의 학문적 방법은 동양

----

20) 한동석, 같은 책, p. 10.
21) 한동석, 같은 책, p. 11.
22) 한동석, 같은 책, p. 11.
23) "이것(우주변화원리)은 개인의 창작이 아니고 역대 성철들의 합심협작의 결정인 것이다. 따라서 여기에 진리가 있으니 이것은 상대적 진리가 아니고 절대적 진리이다. 그러므로 본고는 이와 같은 진리인 우주변화의 원리를 소개함으로써 동양사상의 진면목을 과시하려는 것이다."(한동석, 같은 책, 11쪽)

적이며 그 결과는 동양철학으로 드러난다. 그리고 동양사상과 대비하여 서양철학의 방향과 방법에 대해서는 부정적 시각을 갖는다. 그러나 원래 서양철학에 대한 그의 접근은 긍정적이었다.

> 나는 이 문(신비의 문)을 열기 위하여서 방계작업도 했다...동쪽을 바르게 보려면 서쪽에서 보아야 한다는 격언에 따라서 서양사상의 윤곽을 어루만져보기도 하였다...이와 같은 방계 작업들은 신비의 문고리를 찾는데 많은 도움을 주기 때문이다.[24]

여기서 서쪽의 서양사상은 이 책에서 다루고 있는바 서양철학을 말한다. 한동석은 자신이 가고자 하는 길을 찾기 위해 서양철학을 연구했다. 그러나 이 연구는 스스로 표현했듯 '윤곽을 어루만져보는' 정도였다. 그리고 그 연구의 결과는 서양철학이 갖는 한계를 확인하고, 이와 달리 동양사상의 방법을 재 확증하는 계기가 되었다.

그는 단도직입적으로 "생각컨대 오늘의 철학은 우주의 본체와 변화를 탐색하는 바탕인 본질적인 능력을 거의 상실하고 다만 피상적인 개념에만 집착한 나머지 철학 본연의 자세인 신비개발의 임무를 단념할 수밖에 없이 되고 말았다"[25]고 말한다. 여기서 말하는 '오늘의 철학'이란 서양철학을 가리킨다. 왜냐하면 한동

----

24) 한동석, 같은 책, p. 404-405.
25) 한동석, 같은 책, p. 10.

석은『우주변화의 원리』「법칙편」〈총론〉에서 서양철학의 세계관에 대해서는 본체론과 우주론 모두를 비판하고 있지만 동양철학의 우주관에 대해서는 긍정적으로 서술하고 있기 때문이다.[26]

한동석의 목적은 우주의 본체와 현상을 연구하는 것이므로, 서양철학에 대한 그의 관심도 우주론에 초점이 있다. 특히 한동석의 서양철학 비판은 '동양철학의 입장'에서 비판하는 것이다.[27] 그 이유는 그가 서양철학에 많은 관심을 가졌지만 그 방법과 과정에 실망하게 되었고, 이로 인해 동양철학적 방법의 중요성을 더욱 확신하게 되었기 때문이다.

그의 서양철학 비판은 본체론 비판과 우주론 비판으로 구분되어 진행된다. 한동석이 말하는 본체론과 우주론이란 "동서양을 막론하고 우주의 본체는 무엇이며, 또한 그 본체는 어떠한 작용으로 인하여 화려한 현상계를 나타내는가"[28]하는 문제와 관련되어 있다. 이 인용문에서 앞의 문제는 본체론이고 뒤의 문제는 우주론이다.

먼저 본체론 비판은 우주의 본체를 하나로 보는 것, 즉 단원론과 다수로 보는 다원론, 단자론 비판, 그리고 유심론과 유물론

----

26) 『우주변화의 원리』는 크게 전편 〈법칙편〉과 후편 〈변화론〉으로 구성되어 있다. 전편은 총론, 오행과 운, 육기론, 상과 수 네 개 장으로 구성되며, 후편은 우주의 변화와 그의 요인, 우주의 운동과 변화, 정신론, 우주의 본체, 신비의 행으로 다섯개 장으로 구성되어 있다.
27) 한동석, 같은 책, p. 24.
28) 한동석, 같은 책, p. 23

비판으로 진행된다. 그러나 그의 비판은 앞에서 말한바 처럼 동양철학의 입장에서 이루어지는 것이다. 예를 들어 한동석은 단원론자 중에서 탈레스를 가장 숭배한다고 말하는데 그 이유는 탈레스의 철학적 방법이나 논지에 찬성하는 것이라기 보다는 탈레스가 말한 '물은 우주의 아르케'라는 주장이 "물은 상수학이 주장하는 운동의 본체와 동일하기 때문이며...물이 운동의 본체가 될 수 있는 기본적인 논지가 잠재되어 있기 때문"[29]이라는 동양철학적 입장과 일치하기 때문이다.

그 다음으로 받아들이는 학설은 플로티누스Plotinus의 유출설流出說이다. 유출설에 대해 긍정적 입장을 가지고 있지만 그 결론이 드러나는 과정의 미흡함에 대해 비판한다. 그 비판의 중심은 동양철학의 본체론과의 비교에 있다. 즉 동양철학적 관점에서 볼 때 그의 유출설은 한계를 갖는다는 것이다.[30]

다원론과 단자론에 대한 비판은 단원론에 대한 것보다 더 구체적이다. 그 이유는 일단 본체를 여러 개로 본 다원론 자체가 모순이라는 관점 때문이다. 즉 다원론과 본체론은 서로 이율배

---

29) 한동석, 같은 책, p. 24.

30) "플로티누스의 설은 본체는 일―이고 그 일에서 이성-영혼-물질이 되어서 유출한다고 한 것이다. 그런데 그것은 탈레스처럼 골간만 세운 것은 아니고 일에서 이성-영혼-물질로 발전한다는 데까지 살을 붙여 놓았다. 그럴 바에는 그것이 어떻게 하여서 그렇게 발전하는 것인지 그 과정만이라도 설명했어야 할 것이다."(한동석, p. 25)고 비판한다. 본체는 하나이므로 일에서 출발하는 학설에 공감을 한 것일 뿐 플로티누스의 학설 전체에 대해서는 분석하고 있지 않다.

반적 모순[31]을 범하고 있다는 것이다. 그리고 다원을 본체로 인정한다고 하더라도 다원론자들은 서로 독립된 다원이 어떻게 분열과 통일을 조화하면서 병행할 수 있는가 하는 점에 대해 말하지 못한다는 것이다.

유심론과 유물론에 대한 비판의 핵심은 우주는 정신만으로도 물질만으로도 설명할 수 없다는 점이다. "이것은 반쪽짜리 체계일 뿐이고 결코 그것이 우주 본체의 설명으로 될 수는 없을 것이다. 왜 그런가 하면 우주에는 정신과 물질이 호근운동을 하면서 연면連綿 계승繼承하게 하는 일사불란한 진리로서의 법칙적인 본체가 엄존하기 때문이다."[32]

한동석의 서양철학 비판은 다음의 말에서 그 분명한 논지를 읽을 수 있다.

> 이상에서 본 바와 같이 서양철학의 사고방식은 맹목적이며 무법칙적이기 때문에 본체를 규명할 수가 없었고, 다만 이론의 대립과 모순의 역사만을 남기고 말았던 것이다. 그러므로 본체의 변화현상을 연구하는 우주론에 있어서도 변화하는 바의 실상을 해부해 내지는 못하고 다만 우주의 변화는 인과적이냐 그렇지 않으면 목적적이냐 하는 변화의 피상에서만 헤매고 말았던 것이다.[33]

---

31) 한동석, 같은 책, p. 26.
32) 한동석, 같은 책, p. 32.
33) 한동석, 같은 책, p. 33.

그 다음으로 서양철학 우주론 비판을 살펴보자. 한동석에 의하면 우주론이란 "본체가 어떠한 존재냐 하는 것을 묻는 것이 아니라 우주의 삼라만상은 어떻게 변화하느냐 하는 변화 현상을 연구하는 학문"[34]이다. 한동석은 이러한 변화 원리를 크게 인과율과 목적률로 구분해서 고찰하면서 이에 대한 서양철학적 관점을 비판한다.

인과율 비판은 흄과 칸트의 이론에 초점이 맞추어져있다. 흄은 인과률을 '주관적 믿음'이라고 했고 칸트는 '오성의 순수한 범주'라고 했는데, 한동석은 인과율이 '우주의 동정 법칙'이며 자연법칙이라고 주장한다.[35] 이러한 견해의 차이는 서양철학의 인과율 비판의 근거이다. 그는 동양철학적인 관점으로 상대방의 논리에 대한 부정합성을 지적하고 있는데, 이는 논증적 비판이라고 볼 수는 없지만 동서 비교적 관점에서는 효과적이라고 할 수 있을 것이다.

서양철학을 동양철학적 관점에서 비판하는 방법은 몇 가지 오해를 낳게 된다. 특히 한동석은 자유와 인과율의 모순을 해결하

---

34) 한동석, 같은 책, p. 34.

35) "인과율이란 것은 '시간적 계승繼承의 일반적 필연성'인 것이다.(繼라는 것은 生하는 방향으로 이어 주는 것이요, 承이란 것은 成하는 방향으로 이어주는 것이며, 일반이란 것은 통일하는 象을 말하는 것이고, 필연이란 것은 규칙적으로 그렇게 되고야 마는 것을 의미하는 것이다."(한동석, 같은 책, p. 36.) 이는 쉽게 표현해서 인과율이란 '시간 속에서 생성하여 하나의 통일된 상을 만들어가는 필연적 과정'이라고 할 수 있다. 이는 한동석이 목적율에 대해 '시간적 계승의 이율적 우연성'이라고 하는 것과 상호 대비적 이해이다. 즉 목적율은 '자연적 존재와 정욕적 존재인 인간의 이율배반적 관계에서 만들어진 우연적 선택'이라는 것이다.

는데 그 논점은 바로 "자유는 비방종적 일반성인 토화작용에만 있는 것이므로 자유의 기본인 인과율이 바로 자유의 모체인 것이다"[36]라고 주장한다. 그러나 칸트에 있어서, 그리고 현대 자연과학적 관점에서, 인과와 자유는 서로 대립되는 개념이다. 특히 칸트는 인간의 자유를 두 가지 측면에서 고찰하는데, 인간은 자연적 존재이면서 도덕적 존재이기 때문에 인과의 법칙에서 벗어날 수 있고, 그래서 인간은 자유롭다고 주장한다. 이는 한동석의 주장과는 대립된다.

한동석의 서양철학 비판은 동양철학적 관점에서 진행되는데 서양철학의 개념을 동양적 사유로 판단하는 점에서 불일치를 나타내고 있다. 예를 들어 한동석은 서양철학의 순수이성이란 개념과 도통의 경지를 일치시키고 있다.. 그는 우주변화의 원리 서론에서 우주변화를 통찰하는 일차적인 방법으로 먼저 인체에 대한 탐구를 시작하고 여기서 인간정신의 활동을 알게 되는데 이러한 원리를 알게 된 인간은 불교에서 말하는 법신으로 화하게 된다고 한다. 그는 이에 대해 다음과 같이 말한다.

> 이러한 원리(선악과 정욕의 소자출)를 알게 된 인간은 불교가 말하는 바의 법신으로 화하게 되어서 그의 이성은 순수 본연의 경지에 이르게 되므로 모순대립은 지양되고 다만 유정유일한 평화의 경계에 서게 되므로 칠정육욕

------

36) 한동석, 같은 책, p. 36

의 포위망을 벗어나게 되어서 정신은 명明으로 통일되는 것인 즉 그때 만상의 변화는 바로 장중掌中에 있게 된다. 그렇다면 명으로 들어가는 문, 즉 순수이성의 경지가 과연 어디인가 하는 것을 연구할 필요가 있는 것이다.[37]

하지만 칸트에 있어서 순수이성이란 인간의 이성능력이긴 하지만 직관이나 깨달음에 관련된 인식능력이 아니라 오히려 감각이나 오성과는 떨어져서 작용할 수 없는 능력이다. 윌버가 말하고 있듯이 "감각적 경험주의나, 순수이성이나 실천이성이나 또는 그들의 어떤 조합도 결코 정신의 영역 속을 들여다 볼 수 없다는 것이다."[38] 윌버가 말하는 순수이성은 곧 칸트의 순수이성이다. 그리고 순수이성은 경험의 세계에 한정된 작용을 한다. 반대로 '정신의 영역'이란 바로 한동석이 말하는 '법신'에 속하는 것이다.

앞의 인용문에서처럼 한동석은 순수 이성이란 개념을 서양철학과는 다른 의미로 사용하고 있는 것이다. 따라서 한동석의 용어를 서양철학적 의미로 해석하고, 이를 비판하는 것은 무의미하다. 이는 이미 앞에서 한동석이 서양철학 비판을 동양철학적 관점에서 한다고 선언한 것에서 짐작되는 것이다. 문제는 이를 서양철학과 관련해서 비교 설명하는 것이다. 아마도 한동석은 그 개념을 서양철학에서 가져오긴 했지만 그렇다고 동일한 의미

37) 한동석, 같은 책, p. 16.
38) 윌버, 『감각과 영혼의 만남』, p. 288.

로 사용할 생각은 없는 것으로 보인다. 다음의 진술을 통해 이를 확인할 수 있다.

> 지구위에서 만물이 움직이게 되고 인간이 역사를 창조하기 시작한 이후 희세의 성인들이나 역대의 철인들은 모두 이 문(明明으로 들어가는 문)을 두드렸던 것이다. 그러나 문고리를 잡은 이는 진실로 드물었다. 바로 이것이 석존의 극락의 문이요, 공자의 시중의 문이요, 예수의 삽자가의 길인 것이다. 뿐만 아니라 일부一夫의 십십일일지공十十一一之空도 바로 그 문인 것이다. 그러나 이 문은 우리의 형체를 담는 家室의 문이 아니고 만물의 상을 실은 우주의 문인 것이다. 만물의 지각이나 감각이 출입하는 형이하의 문이 아니고 이성과 통각이 출입하는 형이상의 문인 것이다.[39]

결국 한동석에 있어서 인식주관과 인식대상의 관계는 분명히 드러난다. 그에게 있어서 인식주관으로서 순수이성, 통각, 정신은 감각과 논리에 관련된 인식능력이 아니며 오히려 그가 말하듯, 명明에 관련된 특별한 능력을 소유한 주관이다. 이 명(우주변화원리에 대한 깨달음)으로 가는 문이 바로 석가, 공자, 예수, 일부가 주장한 신비의 문이며, 이 문을 출입하는 인간의 인식능력이 이성이며 통각이라는 것이다. 물론 여기서 이성은 '순수이성'이

---

39) 한동석, 같은 책, p. 16.

며 통각은 '통일된 깨달음'이라고 할 수 있다. 이러한 인식 주체는 한동석의 철학이 나아가는 중요한 도구임을 알 수 있다.[40]

한동석의 인식주관을 표현하는 용어는 순수이성이란 말보다는 오히려 순수자아라는 말이 더 정확할 것이다. 순수자아는 피히테나 헤겔이 말하는 절대정신과 유사한 것이지 결코 칸트의 순수이성은 아니다. 개체 내의 순수 자아인 아트만, 혹은 온 우주의 자아인 브라만의 통일로 이해할 때 한동석의 순수이성 개념을 명확히 이해할 수 있다. 그리고 이러한 이해는 한동석의 인식방법이 추론이 아니라 직관이나 깨달음임을 알 수 있게 한다.

2) 상수원리와 직관

상수象數원리는 상象과 수數의 원리를 말한다. 한동석은 상에 대해서는 다음과 같이 말한다.

> 최초의 우주는 적막무짐寂寞無朕하여서 아무런 물체도 없었던 것이다. 다만 연기 같기도 하여서 무엇이 있는 듯하기도 하고, 없는 듯 하기도 한 진공 아닌 허공이었던 것이다. 이 상태가 바로 불이라고 생각하면 불같기도 하고 물이라고 생각하면 물 같기도 한 상태였던 것이다. 이

---

40) 그가 말하는 순수이성은 이성적 사유를 넘어선 특별한 능력이며, 그 순수이성의 대상은 일반적 감각 대상이 아닌 우주의 상과 그 상이 비친 수이다. 다음 절에서 알 수 있듯이 상과 수에 대한 접근은 논리적 추론이 아닌 직관적 방법으로 가능하다.

러한 상태를 상象이라고 하는 바 그 상이라는 개념은 형
形의 반대인즉 유의 반대인 무와 상통하는 것이다.[41]

이처럼 상象이란 무와 통하는 것인데 절대무는 아닌 형形과 상
대적인 의미에서 무라고 하는 바 언젠가 유가 될 수 있는 무이
다. 즉 상은 형이 아닌 것을 말한다. 그래서 무라고는 하지만 절
대적인 무는 아닌 것이며, 이를 쉽게 표현하면 형태가 없어 무엇
으로 규정할 수 없는 어떤 것을 상이라고 한다. 이는 결국 상과
형이 상대적인 개념이어서 형이 되기 이전엔 그것이 아직 없는
것이므로 무라고 하고 이 무를 상이라고 한다. 반면 형상이 이루
어지면 이를 그 어떤 것이라고 할 수 있다는 면에서 유이며, 그
유를 모두 형이라고 한다. 이는 다음의 말에서도 알 수 있다.

무극은 형이 아니고 상이었다. 그 상이란 것은 청탁淸濁
이 화합한 비청비탁의 중성적 존재였다.... 상에서 유가
창조되는 것이므로....[42]

상은 비청비탁한 것인데 이는 맑은 것도 아니고 탁한 것도 아
닌 것이며, 이 말은 곧 그 무엇으로 규정되지 않는 것을 말한다.
그리고 그 상에서 유가 창조되는 것이며, 이는 상이 규정되어 형

41) 한동석, 같은 책, p. 41. 한동석은 우주변화의 본체를 무극이라고 하는데, 이 무
극의 본질인 무는 절대적인 것은 아니고 상대적인 무이며, 그것은 순수한 무가 아
니라 다만 상일뿐이라고 한다.(한동석, 같은 책, p. 42) 즉 무극은 천지창조의 본체
이지만 아직 형으로 규정되지 않은 상태이므로 이는 상이라고 표현할 수 있다. 이
처럼 한동석에 있어서 상이란 그 무엇이던 아직 규정되지 않는 어떤 것을 말한다.
42) 한동석, 같은 책, p. 44

이 된다는 말을 뜻한다.

한동석에게 상은 모든 존재자의 존재근거며, 구체적 대상 이전에 존재하는 양상을 표현한 것이다. 굳이 칸트철학의 용어로 말한다면 물자체 혹은 선험적 대상이다. 인식 대상으로 화하기 이전의 존재상태로서 이는 이성적으로 더 이상 알 수 없는 그 무엇이다. 우주변화의 원리를 탐구하는 한동석에게 있어서 탐구해야할 목적은 바로 이 상이다. 이 상을 통해서 우주의 본체도 그 본체의 변화과정도 파악할 수 있는 것이다. 그러나 그 상은 말한 바와 같이, 칸트든 한동석이든, 감각과 이성의 차원에서 접근할 수 있는 것은 아니다.

> 우주는 무엇으로써 구성되었을까. 또는 어떻게 움직이며 무엇이 이것을 움직이게 하는가, 하는 문제는 철학적 과학적인 영역을 거쳐서 유사이래 지금에 이르기까지 아직도 일대숙제로서 남아 있을 뿐이다. 위에서 이미 말한 바와 같이 서양철학계에 있어서는 희랍의 자연철학이 쇠퇴한 이후 이 문제는 오리무중에 놓여있을 뿐이다. 그런 즉 우리는 우주 원리를 어떻게 연구하여야 할 것인가? 말할 것도 없이 우주운동의 법칙과 그 본체가 열어주는 바의 상象에서 찾아야 한다.[43]

위의 말에서 한동석의 주장은 상을 통해서 우주의 본체와 그

---

43) 한동석, 같은 책, p. 54.

변화원리를 파악할 수 있다는 것인데, 앞에서 말한바 상은 논리적 추론으로는 접근 가능하지 않다. 왜냐하면 상은 형이 아닌 무에 속하는 것이며, 형이 아니기 때문에 감각 경험으로는 파악할 수 없고 이성적 사유로도 접근할 수 없다. 여기서 새롭게 나오는 방법이 수數의 논리이다. 이를 합하여 상수원리象數原理라고 한다.

> 상수원리는 오천년 전으로 추산되는 복희 때 벌써 물속에서 하도가 나옴으로써 기원을 이루게 되었던 것이다. 그는 무엇에 의하여 힌트를 얻었는가? 하도는 상과 수로써 상징되어 있다는 사실에서 발견하였던 것이다. 다시 말하면 상을 정확히 파악하기는 어려운 일이고, 또한 그 인식방법이 관념에 속한다 할지라도 자연수 자체는 분열과 종합하는 일정한 법칙에 의하는 것이므로 수열이나 수식의 변화에는 거짓말이란 있을 수가 없는 것이다. 그러므로 상은 사유와 인식에 의해서 관찰되지만 그 상 자체가 연출하는바 수의 분합현상은 이것을 반증하여 주는 것이기 때문에 이것을 상수원리라고 하는 것이다.[44]

즉 복희가 하도에서 팔괘를 그어낸 것은 상수원리를 통해서이다. 하도는 우주의 본체와 마찬가지로 그 무엇으로 규정된 바가

---

44) 한동석, 같은 책, p. 54-55. 여기서 '인식방법이 관념에 속한다'는 표현이나 '상은 사유와 인식에 의해서 관찰된다'는 표현은 서양적 용어가 애매하게 사용되어서 이해하기가 쉽지 않다. 전후를 미루어 짐작한다면 관념에 속한다는 것은 경험과 추론이 아닌 방법이라는 뜻이며, 사유와 인식이란 표현도 마찬가지이다.

아닌 것이었으나, 복희는 이를 전심치사專心致思하여 그 속에서 상수법칙을 찾아내고, 이로써 우주법칙과 우주정신의 근거도 이에 바탕하여 알아낼 수 있는 것이다. "동양 정신의 위대성은 만물에 내재하면서 동시에 초월하여 존재하는 천지 생명의 변화성을 수치로 논리화시켰다는 점에 있다."[45] 일단 수적 논리로 표현되면 그것은 연역적 결론으로 나아간다. 그러나 그 이전 수적 파악 그 자체는 상에 대한 직관으로 인식된 것이다.

문제는 상이란 것은 범인의 눈에는 보이지 않으나 볼 수 있는 준비를 갖춘 사람은 볼 수도 있는 모습이고, 이 상은 무형이 유형으로 전환하는 중간 과정에서 나타난다는 점이다.[46] 그러나 이 상은 정확히 파악한다는 것은 어려운 것이고, 안다 한들 무형과 유형의 중간 과정이어서 이는 이성적 차원의 인식이라고 할 수는 없다. 그렇다면 그 상은 결국 직관될 수밖에 없는바 그 상을 직관하는 것은 범인에게는 불가능하다. 단지 범인은 이 상을 수의 논리로 검증(한동석은 이를 반증이라 했으나 엄밀히 말하면 검증檢證이다)하여 인식하게 된다.

우주의 변화현상을 실학적으로 연구하고 또 이것을 실용화하려면 사물의 변화와 꼭 부합되는 기본법칙을 연구하여야 할 것이며 또는 그것을 활용하는 방법을 배워야 할 것이다. 그런데 그것이 바로 운運과 기氣의 운행법칙이므

---

45) 안경전, 『이것이 개벽이다』하, p. 30.
46) 한동석, 같은 책, p. 55.

로 그것은 사물을 탐색하는 방법인 상과 수에서 배워야 하는 것이다... 그런데 만일 우주의 사물들이 단순히 상만 나타낸다고 하면 상의 가부판단에 있어서 많은 혼란이 일어날 것이다. 그러므로 자연의 조화는 이와 같은 폐단을 방지할 수 있는 자연수가 상과 함께 흐르게 하고 있는 것이다. 그러므로 이것을 상수라고 하는바 수는 상의 의미를 밝혀주며 또 그의 내용을 증명해 주기도 한다.[47]

상은 형이 아니어서 알 수 없는 바, 결국 상을 알 기 위해서는 상이 드러난 수를 연구하여야 한다. 그러나 문제는 무형의 상이 수적 논리로 인식되는 것은 결코 논리적 방법으로는 불가능하다는 점이다. 따라서 수를 통해서 상을 보는 것은 직관적 방법이 아닐 수 없다.

상수원리는 음양과 오행의 본질을 연구함으로써 모든 사물과 변화의 진상을 탐구하려는 것이다. 즉 무극이 운동할 때 거기에는 음과 양의 상반된 기운이 나타나게 되는데, 이 음양이 다시 발전하여 드러난 것이 오행이다. 따라서 상수원리와 음양오행원리는 서로 불가분의 관계에 있다.

---

47) 한동석, 같은 책, p. 172-173. "수는 계산을 위하여 인간이 임의로 만든 것이 아니고 수 자체가 진리이며 철학인 것이다. 그러므로 수가 나타내는 모든 상은 허상이 아니고 실상이다. 다시 말하면 만물은 그의 본질대로 상이 나타나고 상에는 반드시 그 상의 내용인 바의 수가 있다는 것을 의미하는 것이다."(한동석, 같은 책, p. 175)

상수학은 철학의 기본이며 또한 사색의 안내자인 오행의 기본 개념을 결정하는 데 있어서 이와 같이 형과 기를 자유로이 대표하며 상징할 수 있는 융통성이 있는 자연 그대로의 형상인 기본 법칙을 세워 놓았던 것이다. 더욱이 이것은 인간이 임의로 결정한 것이 아니고 대자연의 계시이며 또한 명령이었던 것이다.[48]

상수원리는 음양오행의 법칙을 통해서 우주의 본체를 찾아가는 학문을 말한다. 그런데 음양오행의 법칙이란 자연을 그대로 표현할 수 있는 자연 그대로의 기본 법칙이다. 그리고 이 법칙은 인간이 약속하여 전한 것이 아닌 '자연의 계시'로 성립된 것이다. 이러한 말은 음양오행이란 우주법칙을 설명하는 대전제이며 절대적인 공리라는 것을 뜻한다. 그러므로 이것은 경험이나 추론의 결과가 아닌 대자연의 계시이며 명령일 뿐이다. 그렇다면 이 상수원리는 직관으로만 접근 가능하다는 것이다.

한동석의 상수원리는 한마디로 직관의 논리이다. 즉 그가 서양철학을 비판하고 동양철학적 방법을 택하면서부터 그는 사고와 논리를 넘어 직관의 논리로 나아갔다. 다음 진술은 이를 분명히 밝혀준다.

(인간의 노력은 우주의 신비를 알 수도 있다) 그렇지만 인간에게 과연 그와 같은 능력이 있을까하는 것은 일대문제이

----

48) 한동석, 같은 책, p. 61.

다. 진실로 인간이 이러한 능력의 소유자인 것은 사실이다. 그럼에도 불구하고 인간의 능력이란 것은 다만 수동적이며 묘사적이다. 다시 말하면 인간은 우주가 자기의 운행법칙을 상으로써 드리워 줄 때에 한하여 자기의 능력을 발휘할 수 있는 것이다. 그런데 상은 형이 아니므로 정욕적인 인간의 혼탁한 이성작용으로써 상을 알아내기는 결코 용이한 일이 아니다. 그러므로 세속적인 인간이 자기의 지능으로써 현상계의 모든 존재를 인식한다는 것은 바로 경험적인 오성 작용의 구사에 불과하므로 이것으로는 물질계의 현상은 영사할 수는 있을는지 모르지만 진정한 실상을 파악하기는 어려운 것이다.[49]

이러한 진술의 궁극적 의미는 이성을 통한 사유는 결코 상을 인식할 수 없다는 것이다. 그렇다면 어떤 방법으로 우리는 우주의 상을 파악할 수 있는가?

인간의 일반적인 이성으로써 형이상에 속하는 변화의 실상을 연구하기 위해서, 즉 천수상한 상을 알아내기 위해서는 선배들이 복사해 놓은 우주의 상을 먼저 연구함으로써 우주의 불문율인 실상을 연구해 낼 수 있는 기반을 닦아야 하는 것이다. 그렇게 함으로써 정직한 자연이 드리워주는 우주의 계시를 받아들일 수 있는 것이다.[50]

---

49) 한동석, 같은 책, p. 13
50) 한동석, 같은 책, p. 13. 한동석은 이러한 상을 인식하는 방법으로 먼저 인체에

이처럼 우주의 신비는 계시를 통해 알 수 있는 것이다. 이에 대해 증산도의 최고 지도자인 안경전 종도사는 다음과 같이 말한다.

> 우리는 무한한 우주의 허공 속에 태초부터 벌어지고 있는 이 불가사의한 생명의 움직임을 어떻게 알 수 있을까? 우리의 감각만으로 우주조화 기운의 흐름을 정확히 짚어내기란 대단히 어렵다. 그러나 오묘하기 그지없는 이 성스러운 기운은 그 변화의 움직임(象)이 자연수의 수리로 나타난다. 우주 변화가 깃든 이 수數를 상수, 이수理數라고 부른다. 따라서 수의 신비를 이해하면 천지조화 기운의 오묘한 움직임을 논리적으로 파악할 수 있게 된다. 물론 이 상수를 볼 때는 반드시 그 수의 상을 조화의 기운으로 느끼고 직관할 줄 알아야 한다.[51]

위 인용문의 일차적 논지는 우주의 변화를 수적 논리로 이해할 수 있다는 주장이지만 결론은 상수논리는 결국 조화의 기운으로 직관해야하는 것일 뿐, 이성과 감성의 작용은 아니라는 점이다.

하도와 낙서를 그린 복희와 우임금의 경우에도 결코 이성과 논리를 통해 하늘의 법칙인 하도낙서를 알게 된 것은 아니다.

서 출발하여야 한다고 말한다. 우주의 법칙과 상은 인체에 비겨서 볼 때 그 범주 밖에 있는 것은 없기 때문이다. 그래서 공자는 근취저신, 원취저물 하라고 가르쳤다.(한동석, 같은 책, p. 15)

51) 안경전, 『이것이 개벽이다』 하, 서울: 대원출판, 2012, p. 19.

"때로는 복희와 문왕 같은 성철을 기다려 상을 바로 포착해서 유형의 그림을 남기게 했으니 이것이 바로 하도 낙서와 복희괘도와 문왕괘도로 옮겨져서 비로소 문자화하게 된 상수원리의 창조인 것이다."[52] '바로 포착'했다는 말은 직관을 의미한다.

> 현실세계에서 동정하고 있는 모든 사물은 그 변화상태가 측량할 수 없을 정도로 잡다하다할지라도 상의 기미를 잘 관찰할 줄 아는 사람에게는 장중지물掌中之物에 불과할 것이다. 이것을 신비로 생각하는 것은 총명과 관찰력이 불급不及한 사람에게만 있을 수 있는 현상일 것이다.[53]

이처럼 상수원리가 지시하는 바 그 내용은 결코 신비나 초월이 아니다. 만일 이것이 신비한 존재, 초월적 대상이라면 결코 이에 대한 인식은 학문적 방법으로 가능한 것이 아니다. 그리고 그

---

52) 한동석, 같은 책, p. 13-14. 하도는 5500년 전에 배달의 태호복희가 송화강에서 나온 용마의 등에 그려진 얼룩무늬에서 천지 생명이 율동하는 상을 보고 깨달아 그린 것이다. 낙서는 4200여 년 전에 하나라의 우임금이 낙수에서 9년 홍수를 다스리는 치수 사업을 하던 중 발견한 커다란 거북의 등에 새겨진 점에서 하늘이 드리워준 천지 변화의 기틀을 깨닫고 이를 수상으로 도형화한 것이다.(안경전, 『이것이 개벽이다』. p. 23)

53) 한동석, 같은 책, p. 172. "상이라는 개념은 형과는 반대되는 개념이다. 만일 형을 인간의 감각에 쉽게 느껴질 수 있는 것이라고 한다면 상은 일반적인 인간, 즉 명을 읽은 인간이나 또는 자연법칙을 관찰할 줄 모르는 사람에게 인식되기 어려운 무형을 말하는 것이다."(한동석, 같은 책, p. 173) 여기서 명을 읽은 인간, 자연법칙을 관찰할 줄 모르는 인간은 달리 표현해서 감각과 경험에만, 그리고 추론적 논리에만 매어 있는 인간이며, 결국 직관력이 없는 인간을 말하는 것으로 이해해야 한다.

직관은 지적 직관이 아닌 종교적 직관일 것이다. 한동석은 서양 철학적 방법론을 부정했지만 그렇다고 종교적 방법을 택한 것은 아니다. 그는 동양철학적 방법으로 우주의 본체를 탐구하고 있는 것이다. 그리고 그 동양철학이란 바로 학문이며 특히 그는 직관적 방법에 호소하고 있다.

3) 인식의 최고 경지, 명明

한동석의 인식론에서 최고의 인식은 신비에 대한 인식이며, 이러한 인식이 가능한 주체의 경지를 명明이라고 한다.

> 정신의 통일이 요구되는 것은 정신을 완성시키기 위함이요, 따라서 인간정신의 완성을 욕구하는 것은 인간으로서 우주적인 명明을 요구하는 데 있는 것이다. 왜 그런가 하면 만일 인간이 우주와 같은 명을 가진다면 인간의 인식과 판단이 정확하게 될 것이고, 그것이 정확하게 되면 우주의 비밀을 개발할 수 있기 때문이다.[54]

위의 인용문에서 알 수 있듯이 명明이란 인간의 인식론적 능력이나 상태를 말한다. 인간정신의 완성은 우주정신과 같은 명을 소유하는 것으로 이루어진다. 그리고 명의 상태에서만이 정확한 인식이 가능하다. 한동석은 이러한 명明의 단계에 이른 인식주체

----

54) 한동석, 같은 책, p. 354.

를 '명화된 아我'라고 한다.

> 여기에서 우리들이 상수학적 지식으로써 이야기한다면 인식의 성립은 정精작용과 신神작용이 교호감응함으로써 이루어지는 것이라고 말할 것이다. 다시 말하면 신작용이 발현할 때에는 인식이 객관적 대상인 사물이 발전하고, 정작용이 수장할 때에는 인식의 주관적 대상인 아我(정신의 주체)가 명화(순수이성화)하게 되는 것이다. 그런즉 이와 같이 명화明化된 '아我'는 인식의 주체인 것이다.[55]

위에서 한동석이 말하는 인식론의 정확한 의미가 내표되어 있다. 위의 인용문은 두 가지 인식론적 해석을 가능하게 한다. 하나는 인식은 정의 작용과 신의 작용으로 이루어지는데, 정의 작용으로 우리는 자아의 명화된 상태에 도달할 수 있고, 신의 작용으로 감각의 분명한 능력을 개발할 수 있다는 의미이다. 또 다른 해석은 인식의 가능성은 정과 신의 작용으로 이루어지는데, 신의 경험과 정의 사유를 통해서 이루어진다는 것이다. 전자의 해석은 인간 인식주체는 정의 인식론적 주체와 신의 인식론적 주체로 구분하여 살펴볼 수 있다는 뜻이고, 후자의 해석은 이 양자의 결합으로 우리의 모든 인식이 가능하다는 뜻이다. 후자에 대해서는 다음과 같이 말한다.

---

55) 한동석, 같은 책, p. 354.

> 인식은 인식의 주체인 아我의 명명明明과 객체인 사물의 감성
> 적 형태와의 감응에 의해서 이루어지는 것이다....칸트가
> 말한바 형식적 요소와 질료적 요소의 두 계기에 의해서
> 이루어진다고 한 것과 흡사한 것이다.[56]

위에서 '아我의 명명明明'이란 정의 사유적 능력을 말하는 것이고, 감성적 형태란 신의 감각적 능력이 주는 바의 객관을 말한다. 왜냐하면 그것이 칸트가 말하는 인식의 조건이기 때문이다. 한동석의 학문적 목적은 결코 인식론적 분석에 있는 것이 아니기 때문에 이러한 후자의 논의는 전자의 해석에 비해 상대적으로 중요하지 않다.

> 오인吾人이 논하려는 바는 이와 같은 형식적인 문제에 있
> 는 것이 아니라는 것은 위에서 말한 바와 같다. 그러므
> 로 여기서 논하려는 바는 인간이 어떻게 하면 총명할 수
> 있는가 하는 문제를 논하려는 것이다.[57]

결국 인식이 어떻게 가능한가를 분석하는 문제보다도 인식주체로서 인간의 인식 능력 혹은 인식의 경지 등이 더 중요하다는 말이다. 총명聰明이란 곧 '아我의 명명明明'이다. 즉 나의 인식론적 경지를 최고로 발현하는 문제에 그의 관심이 있다. 그리고 이러한 경지는 단순히 감각과 이성에 의한 과학적 지식을 산출하는 경

---

56) 한동석, 같은 책, p. 354.
57) 한동석, 같은 책, p. 355.

지는 아니다.

> 총명이란 개념은 본래 귀와 눈이 밝다는 데서 이루어진
> 것이다. 그럼에도 불구하고 인간의 이목이 지니는 바의
> 시청視聽은 지척지간咫尺之間을 경계로 하고 있다…그렇다
> 면 진실로 총명한 것이란 어떠한 것일까? 아마도 천지일
> 월의 정신과 같은 총명을 말하는 것일 것이다.[58]

총명이란 본래 눈과 귀가 밝은, 즉 감감과 이성으로 인해 정확
한 지식을 얻을 수 있는 능력을 말하는 것이었다. 그러나 한동석
이 말하는 총명은 과학적 지식을 얻는 수단을 넘어서 있다. 진정
한 총명은 그러한 합리적 지식의 한계를 넘어서 나아갈 수 있는
능력을 말한다. 이를 천지일월의 정신 혹은 우주정신이라고 표
현하고 있지만, 인식론적으로 말하면 직관이나 초월적 능력을
의미할 것이다. 물론 한동석의 말에서 총명이 엄격히 그러한 경
지라고 규정하고 있지는 않지만 다양한 의미를 종합하면 결국
'총명', '아我의 명명明明', '순수이성', '통각' 등의 개념들은 경험과
사유의 논리를 넘어선 특별한 인식능력임을 알 수 있다. 물론 위
에서 말한 '천지일월의 정신'이란 표현에서도 총명의 경지를 가
늠할 수 있다.

---

58) 한동석, 같은 책, p. 355.

5 종교적 직관

종교적 직관은 경험적 직관이나 이성적 직관처럼 직관이란 측면에서는 동일하다. 그러나 분명히 구분되는 특징이 있는데 바로 직관적 인식의 내용에 대해서 논리적으로 설명할 수 없다는 점이다. 경험적 직관이나 이성적 직관이 무전제에 의해서 바로 인식된 것이지만 그 인식의 과정에 대한 과학적 논리적 분석은 가능하다. 종교적 직관 또한 하나의 인식을 가능하게 하지만 그 인식이 얻어진 과정과 인식의 가치는 논리적으로 설명할 수 없다. 여기서는 불교의 직관과 기독교의 직관에 대해서 살펴보기로 한다.

1) 불교의 직관

데카르트의 방법적 회의라는 학문적 방법 끝에서는 결국 직관에 의해서 하나의 명제가 파악된다. '코기토 에르고 줌(cogito ergo sum)'은 직관에 의해서 파악된 의심할 수 없는 명제이다. 이러한 직관을 지적 직관이라고 한다. 데카르트는 방법적 회의의 결과 모든 인식내용이 괄호 쳐진, 혹은 판단중지된 경지에 도달했다. 이러한 상태를 철학에서는 '무전제의 상태'라고 하는데, 일명 무념무상의 상태, 혹은 공의 상태로 볼 수도 있을 것이다. 이러한 공의 상태에서 떠오르는 진리가 바로 나의 존재의 확실

성이다.[59]

하지만 데카르트에 있어서 이러한 직관능력은 비록 사유의 결과 주어진 것이지만 사유의 산물은 아니다. 그리고 경험적인 것이 아니므로 이성적인 것이라고 할 수 있지만, 나아가 영적인 힘은 아니다. 이처럼 철학에 있어서의 직관 능력은 영성의 힘이 아니라 이성의 힘이며, 그런 한 그것은 이성적 직관이다. 특히 주의해야할 것은 방법적 회의의 결과 주어진 무전제의 상태라는 것 또한 사유에 의해서 만들어진 가상의 상태이다. 명상에 의해서 주어지는 관조적 직관과의 차이점이다.

불교의 수행에서 깨달음을 얻는 것 또한 명상에 의해서 무념무상의 상태에 도달해야하고, 그런 상태에서 직관적으로 초월적 존재에 대한 인식, 혹은 체험이 일어난다. 이러한 종교적 직관과 이성적 직관의 차이점은 명상에 의한 무념무상의 상태는 결코 논리적으로 설명될 수 없다는 점이다. 그리고 의도적으로 만들어 질 수 없다는 점이다.

데카르트가 방법적 회의라는 논리적 회의, 혹은 이성적 회의를 통해 작위적으로 모든 지식의 의심가능성을 인정하고, 그래서 기존의 인식 모두를 진리의 수단으로 삼지 않고 괄호 속에 넣

---

59) 데카르트의 방법적 회의의 결과 모든 기존의 인식이 판단중지된 상태, 그래서 어떤 인식을 하기 위한 어떤 바탕도 존재하지 않는 상태는 마치 명상을 통해 깨달음으로 진입하는 과정과 유사하다. 비록 그 궁극의 지점에 도달하는 방법은 서로 다르지만 그 지점에서 어떤 인식이 드러나는 바탕은 유사하며, 특히 그 새로운 인식은 기존의 인식과는 완전히 다른 인식이라는 점도 같다.

어둠으로써 무전제의 상태에 도달했다는 것은 한마디로 그의 직관에 도달하는 과정 자체가 설정된 과정이며 인위적 과정이며 이성적 과정이었다는 것을 의미한다. 그는 다음과 같이 말한다.

> 나는 나의 정신 안에 들어왔던 모든 것이 나의 꿈이 가지는 환상만큼이나 참되지 못하다고 일부러 생각하여 보려고 결심하였다.[60]

'일부러' 생각해보려고 결심한 것은 의도적이면서 설정적이다. 이는 이성적 지식에 대한 방법적 회의인 악마의 가설에서도 동일하다. 꿈의 가설이든 악마의 가설이든 데카르트의 철학적 사유는 '방법적'이었다. 특히 데카르트의 직관과 연역의 방법이 얼마나 논리적이고 이성적인 것인지는 다음의 고백에서 더 분명해진다.

> 나는 언제나 신과 영혼에 관한 두 가지 문제가 신학에서보다는 철학에서 논증되어야 한다는 것이 기본적 태도라고 늘 확신해 왔다.[61]

이러한 데카르트의 태도는 종교적 직관, 그리고 이를 통한 종교적 인식과는 전적으로 다른 방향을 향해 있다. 예를 들어 불교의 명상과 깨달음은 결코 방법적 명상(의도적 명상)이 아니고 그

---

60) R. Descartes, 『방법서설』, p. 74.
61) R. Descartes, 『방법서설』, p. 125.

결과도 이성적 직관이 아니다. 명상과 깨달음의 관계는 논리적 관계로 연관지울 수 없다.

불교에서 깨달음을 일컫는 대표적인 용어가 '염화미소拈華微笑'이다. '염화拈華'란 '꽃을 들다'라는 뜻이다. 이 말은 석가가 가섭의 깨달음을 인가하는 이야기에서 유래한다. 그 이야기는 다음과 같다.

> 범왕이 영산에 와서 석가모니께 바라화波羅花를 바치고 중생들을 위한 설법을 청하자 석가모니가 단위에 올라가 꽃을 들어 보였다. 대중들 중에 여기에 응대하는 자가 없었는데 유독 금색의 두타頭陀가 파안미소했다. 그러자 석가모니가 '나의 정법안장열반묘심실상무상正法眼藏涅槃妙心實相無相을 마하摩訶 가섭에게 전하노라'라고 말씀하셨다.[62]

여기서 중요한 것은 깨달음을 일깨우기 위해 행한 행위로서의 '꽃을 듦'이나 '꽃'이 아니다. 즉 여기서 '들었다'는 행위나 '꽃'이라는 사물 등 구체적인 어떤 행위나 어떤 대상이 중요한 것이 아니다. 만일 꽃의 의미와 그것을 손에 잡고 들었다는 것으로 석가

---

62) 중국 송末나라의 회암지소晦庵智昭가 저술한 『인천안목人天眼目』에 실린 기록. 『인천안목』에는 위의 이야기가 『대범천왕문불결의경大梵天王問佛決疑經』에 있다고 했는데, 오늘날 학자들은 중국 선종禪宗에서 그들의 정통성을 강조하고 사상의 요체를 설명하기 위해 지어낸 것이라고 믿는다. 즉 『대반열반경大般涅槃經』 제2에 석가모니가 가섭에게 정법正法을 전수하는 이야기가 있는데 이것이 후에 확대·조작되었다는 것이다.

의 행위를 분석하여 주어진 사태의 의미를 이해하려고 한다면 이는 논리적 추론이나 이성적 판단이 될 것이다.

가섭은 석가의 십대제자 중의 한사람이다. 십대제자 중에는 지혜가 뛰어난 사리불舍利佛이나 수보리, 설법을 잘하는 부루나, 그리고 목련, 아난 등이 있었다. 아난은 석가의 설법에 가장 많이 등장하는 사람이다. 그런데 이들은 꽃을 든 석가의 행동이 무엇을 의미하는지 전혀 감을 잡지 못했다. 그들은 석가의 '행동'에서 혹은 '꽃'에서 그 무언가를 찾으려고 했기 때문이다. 그러나 가섭은 석가의 행위를 보고 즉시 그 의미를 깨우쳤다. 석가가 꽃을 들었고 가섭이 미소를 지었다는 것은 논리를 초월한 상태로 전해진 그 무엇을 의미한다.

'표월지標月指', 즉 '달을 가리키는 손가락'에서처럼 달과 손가락의 예도 마찬가지다. 선가禪家에서 달이 깨달음이라면 손가락은 그 깨달음에 도달하는 수단이다. 굳이 말하자면 손가락은 수단으로서의 논리나 명상이고, 달은 목적으로서의 진리 그자체이다. 데카르트에게 있어서 손가락은 방법적 회의이며, 가섭에게 있어서 손가락은 명상과 수행이다. 수단은 절대적 진리에 도달하기 위해 필요한 것이다. 데카르트에게는 이성이 그 방법이었고, 가섭에게는 마음이 그 방편이었다.

위에서 말한 두타頭陀란 의식주 그 무엇에도 집착하지 않는 사람을 가리킨다. 속세의 번뇌를 끊고 청정하게 불도를 닦는 수행자이다. 자아自我에도 얽매이지 않고, 어떤 것에도 집착하지 않는 순수한 마음을 가진 자다. 이 무아無我의 마음상태야말로 가섭이 석가의 마음을 깨달은 바탕이다. 어떤 것에도 집착하지 않는다는 것, 그것을 굳이 데카르트적으로 설명하면 방법적 회의를 통해 도달한 무전제의 상태일 것이다.

염화미소의 깨달음을 확인한 석가는 가섭에게 계를 전하는데 그 중의 하나가 '실상무상實相無相'의 경계, 즉 생겨나고 없어지는 모든 현상계를 떠난 불변의 진리의 세계이다. 생멸계를 벗어난다는 것에서 우리는 석가가 전한 깨달음의 경지가 기존의 어떤 지식도 배제한 무전제의 상태임을 알 수 있다. 그러나 이 무전제의 상태는 논리적으로 도달되는 것이 아닌, 오직 명상을 통해 도달한 공의 상태일 것이다. 켄 윌버는 다음과 같이 말한다.

> 선사가 제자에게 "부처는 어디에 있는가?"라고 물을 때 제자는 직접적이며 즉각적으로 대답해 줄 것이다. 그리고 그 답이 내면의 깊은 곳으로부터 자기도 모르게 무의식적으로 일어나는 깨우침으로부터 솟아 나온다면 스승은 그것을 즉각 알아차릴 것이다. 그 답변은 단지 어떤 채색된 감각의 편린으로부터 나오는 것이 아니고, 또한 어떤 이지적인 상징이나 신호적인 것이나 합리적인 추상적 개념에서 나오는 것이 아니라...선에서 말하고 있는 정관적 깨우침으로부터 직접적으로 나오는 것이다.[63]

----

63) K. Wilber, 『감각과 영혼의 만남』, p. 286.

표월지, 염화미소

표월지 : 달을 가르키는 손가락이란 뜻으로 선종에서 깨달음이 목적이지 깨달음으로 가는 지식이나 교리는 부차적인 수단임을 상징하는 말이다.

월버가 말하는 '자기도 모르게 무의식적으로'라는 말은 곧 무전제의 상태이며, '직접적으로' 나온다는 말은 곧 직관이란 뜻이다.

중국 선가 5조祖인 홍인선사弘忍禪師(602-672)[64]의 제자 혜능慧能(638-713)[65]은 일자무식一字無識의 무지한이었다. 반면에 신수神

---

64) 중국 당대唐代의 승려. 대만선사大滿禪師라고도 한다. 선종禪宗의 제5대조이다. 7세 때 후베이 성[湖北省] 동산사東山寺에서 제4대조 도신道信의 밑으로 출가했다. 선종의 각 파로부터 제1조 보리달마菩提達磨에서 홍인까지 공통의 스승으로 추앙받고 있다. 홍인의 제자 가운데 신수神秀가 북종선北宗으로, 혜능慧能이 남종선南宗禪으로 선풍禪風을 확장했다. 이들로부터 많은 종파가 갈라져 나왔다.

65) 동아시아 선불교의 대표적 계통으로 발전한 남종선南宗禪을 창시했다. 혜능의 널리 알려진 저작『육조단경六祖壇經』에 의하면, 혜능은 젊었을 때 가난하고 무식했으며 장작을 팔아서 생계를 이었다고 한다. 그러던 어느날 장작을 지고 시장에 나갔다가 한 객승이『금강경金剛經』을 독송하는 것을 듣게 된 혜능은 불교에 귀의할 뜻을 굳히고, 당시 중국 불교의 중심지였던 중국 북부로 가서 선종의 제5대 조사로서 명망이 높은 홍인弘忍의 문하에 들어갔다. 금강경 구절은 "應無所住而生

秀는 불교교리에 밝은 수제자였다. 홍인은 선조에게서 물려받은 법맥을 전하기 위해서 제자들에게 깨달음의 시를 짓게 하였다. 수제자 신수는 "신시보리수身是菩提樹 심여명경대心如明鏡臺 시시근불식時時勤拂拭 막사염진애莫使染塵埃"라고 시를 지었다. 즉 "몸은 보리수요 마음은 밝은 거울과 같으니 시시각각 닦아서 티끌이나 먼지가 끼지 않도록 하라" 라고 깨달음의 시를 지었다.

그러자 혜능은 자신이 깨달은 바를 "보리본무수菩提本無樹 명경역비대明鏡亦非臺 본래무일물本來無一物 하처야진애何處惹塵埃"라고 읊었다. 즉 "보리는 원래 나무가 없고 거울은 대가 아니니 아무 것도 없는 것에 어느 곳에 먼지나 티끌이 끼겠는가?"라고 읊었다.

이 둘의 선시를 본 홍인은 그날 밤 혜능을 불러 가사를 전하였다. 시 한수를 보고서도 스승 홍인은 혜능의 마음이 공의 상태임을 알아차렸다. 비록 신수가 수많은 경전을 독파하고 교리에 밝았다고 하지만 공의 마음과는 거리가 멀었다, 신수는 경전을 읽고 교리를 배우지는 않았지만 마음의 본질을 깨달은 혜능에 미치지 못하였다. 혜능이 일자무식이었다는 것 또한 탈 논리적, 혹은 무 논리적 상태를 상징한다.

달마達磨와 혜가慧可(487-593)[66]의 이심전심以心傳心의 전승도

其心 머무는 처소가 없이 마음이 일어난다"이었다.

66) 중국 선종禪宗의 제2대 조사. 속성俗姓은 희씨姬氏, 이름은 신광神光. 어려서부터 유교의 고전을 공부하고, 성장하여 불교 서적을 읽으면서 스스로 얻은 바 있어 향산香山의 보정寶靜에게 출가, 영목사永穆寺에서 구족계를 받았다. 여러 곳을 두

마찬가지다. 달마조사의 제자들은 결코 달마의 선지식에 도달하지 못했다. 달마의 애제자 혜가만이 진정한 깨달음을 얻었다. 말로 다하지 않고 오직 나아가 절을 올림으로써 깨달음의 경지를 보여주었고, 달마는 그것을 이심전심으로 검증한 것이다. 보통 사람들이 보기에 혜가의 행동은 단지 존경의 표시였을 뿐이다. 다음의 이야기는 - 피육골수의 단계 -달마와 혜가 사이의 이심전심을 보여주는 좋은 예이다.

달마대사가 9년이 되고나서 서역인 천축국으로 돌아가고자 하여 문인들을 불러 말하였다. "때가 장차 이르렀는데 그대들은 어찌하여 각각 얻은 바를 말하지 않는가?" 그 때 문인 가운데 도부道副가 대답하였다. "저의 소견은 문자에 집착하지 아니하고 문자를 떠나지도 않는 것으로써 도의 작용으로 삼습니다."달마는 "그대는 나의 피부를 얻었구나."라고 하였다. 다음으로 총지總持가

루 다니면서 공부했으며, 40세에 소림사小林寺에서 보리달마를 만난 일화는 유명하다. 혜가 가르침을 청했으나 달마대사는 오로지 벽을 마주하고 수행하며 외면했다. 큰 눈이 내리던 어느 날 밤, 달마는 "붉은 눈이 내리면 가르침을 주겠다"고 했고 혜가는 눈 속에 서서 왼팔을 잘라 구도의 결연한 의지를 보였다. 그 의지를 본 달마는 혜가를 인정하게 되었다. 지금도 승려들이 가사를 걸칠 때 한쪽 어깨에만 걸치는 이유는 바로 혜가의 이러한 정신을 잇기 위해서라고 한다. 그리고 이어진 즉문즉설을 통해서 보리달마를 6년 동안 받들었으며『능가경楞伽經』과 전법의 증표로 스승이 제자에게 전하는 가사인 신의信衣를 받았다. 이후 552년 제자 승찬僧璨에게 법을 전하고 업도鄴都로 나가 34년 동안 설법했다. 말년에 시기하는 무리들의 무고로 가혹한 형을 받다가 107세에 입적했다. 당의 태조는 '정종보각대사正宗普覺大師'라 시호하고, 덕종은 다시 '대조선사大祖禪師'라 시호했다.

명상과 좌선으로 마음의 근본을 찾아
진아를 깨닫는 것이 선종 수행의 목적이
다. 좌선은 석가모니 이래 불교 전반에서
사용되고 있는 방법으로, 특히 선종은 좌
선에 중점을 두고 있다. 당나라 때 보리달
마菩提達磨가 인도에서 중국으로 건너와 깨
달음을 전할 때 수많은 제가가 있었지만 오직 혜가만이 그 법
통을 이었다. 그 후 5조 홍인에 와서 혜능慧能이 다시 그 법통을
이었는데 이를 북종선이라고 한다. 홍인의 제자 신수는 남종선
을 열었다. 선종의 계보는 초조初祖 달마, 이조二祖 혜가 삼조 승
찬, 사조 도신, 오조 홍인, 육조 혜능으로 이어진다.

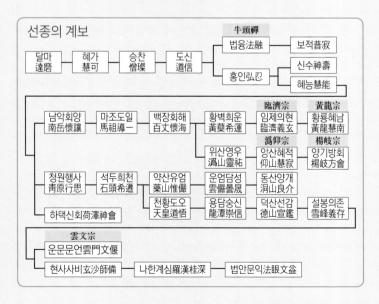

선종의 계보

牛頭禪

달마 達磨	혜가 慧可	승찬 僧璨	도신 道信
			법융法融 → 보적普寂
			홍인弘忍 → 신수神壽
			→ 혜능慧能

臨濟宗　黃龍宗

남악회양 南岳懷讓	마조도일 馬祖導一	백장회해 百丈懷海	황벽희운 黃蘗希運	임제의현 臨濟義玄	황룡혜남 黃龍慧南
			위산영우 潙山靈祐	潙仰宗 앙산혜적 仰山慧寂	楊岐宗 양기방회 楊岐方會
청원행사 靑原行思	석두희천 石頭希遷	약산유엄 藥山惟儼	운엄담성 雲儼曇晟	동산양개 洞山良介	
		천황도오 天皇道悟	용담숭신 龍潭崇信	덕산선감 德山宣鑑	설봉의존 雪峰義存
하택신회荷澤神會					

雲文宗

| 운문문언雲門文偃 | | |
| 현사사비玄沙師備 | 나한계심羅漢桂深 | 법안문익法眼文益 |

말하였다. "저가 아는 바로는 마치 경희慶喜가 아축불국을 한번보고 다시는 더 이상 보지 않는 것과 같습니다." 달마는 "그대는 나의 살을 얻었도다."고 하였다. 다시 도육道育이 말하였다. "4대가 본래 공하고 5음도 있는 것이 아니니 저의 견해는 한 법도 가히 얻을 것이 없습니다." 달마는 이에 "그대는 나의 뼈를 얻었도다."고 하였다. 최후에 혜가가 나와서 세 번 절을 하고 자리에 의지하여 서 있었다. 달마가 말하기를 "그대는 나의 골수를 얻었도다."라고 하였다.

2) 기독교의 직관

불교의 깨달음이 명상적 직관을 그 방법으로 한다면 기독교에서 말하는 신에 대한 인식은 어떻게 이루어질까? 기독교 역사상 아우구스티누스St. Augustinus와 더불어 가장 위대한 신학자로 꼽히는 칼뱅J. Kalvin은 하나님에 대한 인식[67]의 조건에 대해 다음과 같이 말한다.

인간의 마음속에 본능적으로 신에 대한 지각이 존재한다는 것을 우리는 논란의 여지가 없는 사실로 받아들인다. 무지를 핑곗거리로 삼지 못하도록 하기 위해서, 하나

---

67) 기독교에서 가장 중요한 신비는 하나님에 대한 인식이다. 그것은 신앙의 궁극이며 깨달음의 목적이다. 신을 인식할 수 있을 때 그는 신을 믿고 의지하며 그 안에서 평화로울 수 있다.

님은 친히 자신의 신적 위엄을 어느 정도나마 알 수 있도
록 어느 정도의 사고력을 모든 사람들 속에 심어 놓으셨
다. 그리하여 사람은 언제나 그것에 대한 기억을 되살리
고 때때로 그 관념을 확대시키기도 한다.[68]

마치 플라톤의 이데아 설을 연상케 하는 구절이다. 이러한 칼
뱅의 생각은 신에 대한 인식의 근거를 우리의 선천적 능력으로
규정하는 것으로 해석될 수 있다. 즉 신에 대한 인식은 경험과
학문에 상관없이 우리 속에 심어져 있다는 것이다. 이는 플로티
누스Plotinus의 말대로 임재臨在라고 할 수 있다. 그러나 그 임재된
하나님의 존재성을 인식하는 것 또한 단순한 이성적 반성으로
주어지는 것은 아니다. 이것이 플라톤의 인식론과 다른 점이다.
칼뱅에 의하면 하나님에 대한 인식은 신의 은총으로 가능한 것
이다.

우리가 명심해야할 것은 하나님을 아는 지식은 그저 헛
된 사색을 만족시키면서 머리에만 합당한 그런 지식이
아니라 정당하게 받아 마음에 뿌리를 내려서 열매를 맺
게 되는 그런 지식이라는 점이다...따라서 하나님을 찾아
가는 가장 온전한 방법이요 또한 가장 적절한 순서는 대
담한 호기심으로 하나님의 본질에까지 뚫고 들어가 조
사하기를 시도하는 것이 아니라-하나님의 본질은 세심

68) J. Kalvin, 원광연 역, 『기독교 강요』, 서울: 크리스챤다이제스트, 2008, p. 49.

하게 탐구할 대상이 아니라 찬송하여야 할 대상이다-그
가 친히 우리에게 가까이 친근하게 다가오시고 또한 어
떤 점에서 자기를 전하시는 바 그의 역사하심 속에서 그
를 바라보는 것이다.[69]

위 글에서 하나님을 아는 지식이란 '머리에만 합당한 지식'이
아니라는 말이나, '세심하게 탐구할 대상'이 아니라는 말은 같은
말이다. 즉 하나님의 존재는 이성적 사유를 통해서 얻어질 수는
없다는 것이다. 그렇다면 우리는 어떻게 신에 대해 알 수 있는
가? 칼뱅은 신이 우리에게 다가오시어 자기 스스로를 역사함으
로 가능하다고 대답한다. 우리 인간의 감각이나 사유는 신을 인
식하는 수단으로써 전혀 적당하지 않은 것이며, 신이 스스로 우
리 속에 역사함의 은총을 내려줄 때 신의 인식이 가능하다.

그렇다면 칼뱅의 말을 직관의 측면에서 검토해보자. 이미 답
은 나와 있다. 신이 우리에게 은총으로 역사하는 사건으로 신을
인식할 수 있음은 모든 기존의 지식을
벗어난 상태, 혹은 기존의 인식이 불필
요한 상태에서 신에 대한 인식이 생겨
난다는 것과 같다. 즉 신에 대한 인식은
기존의 인식과는 차원이 다른 인식이
며, 그래서 경험이나 학문을 통해서는

칼뱅

---

69) J. Kalvin, 같은 책, p. 69-70.

접근할 수 없는 대상이다. 그러한 모든 것이 판단중지되고, 오직 신과 조우할 수 있는 상태에서 즉각적으로 은총스럽게 내려지는 것, 그것이 바로 신에 대한 인식이다.

> 내 아버지께서 내게 모든 것을 주셨으니 아버지 외에는 아들을 아는 자가 없고 아들과 또 아들의 소원대로 계시를 받는 자 외에는 아버지를 아는 자가 없느니라.[70]

신이 스스로를 드러내는 방식을 한마디로 계시(revelation)라고 한다. 계시는 전적으로 신학적인 용어로 이성적 추론이나 사유와는 무관한 개념이다. 기독교 철학자이며 조직신학 교수인 노르만 가이슬러Norman N. Geisler는 계시에 대해 다음과 같이 정의한다.

> 계시는 인간의 이성이 아무런 도움도 받지 않는 상태에서는 발견될 수 없을 진리에 대해 신에 의해 초자연적으로 현시되는 것이다.[71]

가이슬러의 말 또한 종교적 직관의 한 면을 이해할 수 있게 한다. 계시는 신이 인간에게 직접 내려주는 특별한 인식이다. 인간의 이성만으로는 결코 접근할 수 없는 대상에 대하여 오직 신에 의한 초자연적, 비이성적이고 비경험적인 방법으로 우리에게 주

---

70)「마태복음」11:27. 이 구절 바로 다음이 "수고하고 무거운 짐 진 자들아 다 내게로 오라 내가 너희를 쉬게 하리라"(「마태복음」11:28)라는 유명한 구절이다.
71) 가이슬러,『기독교 철학개론』, p. 285.

어지는 인식이 바로 계시라는 것이다. 이 때 계시도 모든 기존의 인식의 수단이나 내용을 벗어난 방법으로 전해지는 특별한 인식이다.

계시는 오직 아래에서 위로 신을 인식하는 이성적 방법과 달리 위에서 아래로 내려오는 방식으로 신이 인간에게 드러나는 초월적 방법이다. 『성서』가 이성의 논리로 쓰여진 것이 아니라 계시에 의해 쓰여졌다는 주장은 바로 성서가 기록하는 신에 대한 모든 것의 성격을 잘 말해주는 것이다.

사도 바울은 『신약전서』「갈라디아서」의 첫머리를 계시에 의한 기록임을 강조하는 말로 시작한다. 특히 「갈라디아서」 1장 11절은 갈라디아 교회에 전하는 모든 말이 계시임을 밝히고 있다.

> 내가 전한 복음이 사람의 뜻을 따라 된 것이 아니라. 이는 내가 사람들에게서 받은 것도 아니요 오직 예수 그리스도의 계시로 말미암은 것이라.[72]

이처럼 기독교에서 신에 대한 인식은 결코 이성적 추론을 통해서, 그리고 감각 경험을 통해서 가능한 것이 아니다. 이러한 신 존재 인식의 불합리성에 대해 칼뱅은 다음과 같은 예를 들어 설명한다.

> 어떤 사람들은 시모니데스Simonides의 답변을 높이 칭송하기도 한다. 그는 폭군 히에로Hiero에게 "신은 어떤 존재

---

72)「갈라디아서」 1:11-12.

인가?"라는 질문을 받고서, 하루만 생각할 시간을 달라고 청했다. 이튿날 왕이 똑같은 질문을 하자 그는 다시 이틀만 시간을 더 달라고 하였고, 그리고는 여러 번 날짜를 연기한 끝에 이렇게 대답하였다고 한다.: "오래 생각하면 할수록, 제게는 이 문제가 더 희미해지는 것 같습니다" 그는 자기 자신에게 그렇게 희미한 그 문제에 대해서 지혜롭게 판단을 유보한 것이다.[73]

칼뱅의 말처럼 신에 대한 판단을 지혜롭게 유보한 대표적인 철학자가 칸트이다. 칸트는 신의 존재를 인정하고 있음에도 불구하고 신에 대한 지식이 불가능하다고 말한다. 칸트의 유명한 명제 "신앙에 자리를 내주기 위해 이성을 제한한다"는 것은 신의 존재인식이란 신앙의 영역이지 결코 인식의 영역이 아님을 강조한 것이다.

이처럼 종교적 직관은 종교적 깨달음의 상태에서, 혹은 계시의 차원에서 우리에게 주어지는 인식은 결코 추론의 방법을 통한 인식과는 전혀 다른 차원임을 알려준다. 그렇다면 종교적 직관으로 주어진 인식은 참인가 거짓인가? 불교적 깨달음이나 신의 계시에 의한 인식은 그 자체 인식하는 주체에게는 절대적 진

---

73) J. Kalvin,『기독교 강요』, p. 74. 이러한 태도에 대해 켄 윌버는 다음과 같은 재미있는 표현을 한다. "실로 감탄할 만한 그 해답은 언어로는 포착할 수 없다는 것, 당신이 그것에 대해 묻지 않는 한 당신의 모든 문제가 해결될 수 있음을 절대적으로 보증한다는 일종의 형이상학적 딜레마라는 것이다."(K. Wilber,『아이 투 아이』, p. 44)

리이다. 만일 그것이 진리가 아니라면 올바른 깨달음이 아니며, 신의 은총에 의한 계시가 아니다. 그것은 무전제의 상태에서 문득 영적인 빛에 의한 조명으로 주어진 것으로, 만일 그 절차가 순수한 영적 깨달음이라면 거기에 오류란 있을 수 없다.

III부

깨달음

Awakening

頓悟

이제 우리가 이 소책자에서 밝히고자 한 목적지에 도착했다. 필자가 앞에서 추론과 직관을 검토한 것은 그 이외 새로운 인식 능력으로서 깨달음의 가능 근거와 그 인식 과정을 밝히기 위해서였다.

추론은 분명히 감성과 이성의 합작품이다. 물론 데카르트처럼 제일원리를 이성적 직관에 의해 발견하고, 그로부터 논리적 추론으로 신과 세계의 존재를 검증하는 방법은 경험을 떠나서도 가능하다. 그러나 일반적으로 과학이 근거하는 최초의 명제, 혹은 전제는 귀납 추론을 통한 보편명제이다.

이와 달리 직관은, 그것이 어떤 직관이든 간에, 모든 선행지식을 거부한다. 무에서 직접 얻어지는, 혹은 이미 알고 있던 것을 모두 배제한 상태에서 얻어지는 인식이 직관이다. 이러한 직관에서 얻어지는 지식이 초월적 대상인 경우에 우리는 깨달음이라고 부를 수 있다. 직관 중에서 종교적 직관이 이에 해당한다.

하지만 종교적 직관 중에서도 계시에 의한 직관과 명상 수행을 통한 직관은 또다시 서로 구분되어야 한다. 둘 다 초월적 대상을 인식하는 직관이지만 전자는 신의 은총이라는 전제조건이 필요하다. 물론 이 조건이 직관을 위한 다른 인식론적 내용(전제)으로 작용하는 것이 아니라 하더라도 스스로 자발적으로 그 대상을 문득 인식하는 것은 아니다. 반면 후자는 인식 주체가 스스로 초월적 대상을 보는 것이다.

　일반적으로 깨달음은 감성과 이성으로 알 수 없는 대상에 대한 인식 – 초월적 인식 –을 말한다. 즉 대상과 주관 이외에 다른 존재의 실재성을 확보하는 것이다. 그리고 대상과 주관의 현상적 측면 이외에 그 자체의 모습인 실체를 확인하는 것이다. 감성과 이성으로는 결코 볼 수 없었던 모습이며 대상이다. 깨달음을 통해 우리는 물체와 자아의 본래 모습을 확인할 수 있으며, 물체와 자아 외에 제3의 존재가 항상 우리와 함께 함을 알게 된다. 동굴벽에 비친 그림자의 세계에서 동굴 밖의 실재의 세계를 알게될 것이다.

　이러한 인식은 지금까지 인간이 세계에 대해 가져왔던 태도와 가치관을 완전히 바꿔놓을 것이다. 세계에 대한 신성적, 생명적 인식은 지금까지의 도구적, 분석적, 수학적 태도를 반성하고 조화와 상생의 태도로 나아가게 할 것이다. 이제 내가 물질세계를 구성하는 일방적 관계에서 나와 생명세계가 상호작용하는 소통적 관계로 전환될 것이다.

　이러한 새로운 태도와 관계는 지금까지의 인식론을 벗어나 새로운 인식론에 눈뜰 때 이루어지는 결과이며, 이로써 현대가 만들어낸 모든 위기와 불안을 해소하고 조화와 평화의 삶을 기대할 수 있을 것이다.

Ⅲ부에서는 깨달음을 인식론적으로 정초하고, 스스로 깨달음의 경지에 이르렀다고 자신하는 켄 윌버의 사상을 검토함으로써 깨달음이란 무엇인지, 그리고 그 깨달음을 획득하는 우리의 인식능력이 무엇인지, 그리고 깨달음이 과연 인식으로 성립할 수 있는지를 살펴볼 것이다. 그리고 이 글의 결론이라고 할 수 있는 증산도 만사지 사상을 살펴볼 것이다. 만사지란 무엇이고 어떻게 가능하며, 왜 만사지에 도달해야 하는가를 『증산도 도전』을 중심으로 고찰하고자 한다.

6 켄 윌버의 관조

켄 윌버는 현대를 대표하는 가장 위대한 사상가 중의 한 사람이다. 특히 깨달음을 학문적 논리적으로 기술한 대표적 철학자이다. 심리학, 철학, 종교학, 과학을 넘나드는 그의 통섭적 사고는 서양과 동양의 인식론적 방법을 아우르며 인식론에 있어서 새로운 지평을 열었다. 특히 그는 의식에 관한 연구의 아인슈타인Einstein이라 불릴 정도로 독보적인 위치를 차지하고 있다.[1] 그의 심리학에 대한 기여는 프로이트G. Freud와 융K. Jung에 비견되기도 한다. 그리고 심지어 플라톤 이래 가장 위대한 사상가로 불려진다.[2]

이 책에서는 그의 저작 중 『감각과 영혼의 만남(The Marridge of Sense and Soul)』(1998)과 『아이 투 아이(Eye to Eye)』(2001)를 중심으로 그의 인식론을 조명해보고자 한다.

1) 감각, 이성, 관조

신화에서 과학으로 사유의 관심이 옮겨진 후 서양의 철학과 과학은 주로 감각과 이성(오성)이라는 두 측면을 다루어 왔다. 그

---

1) Eye to Eye에 대한 프랜시스 본 Frances Vaughan의 추천사 중에서 나온 말. 프란시스 본은 추천사에서 "나는 거의 40여 년 동안 심리학, 종교 그리고 철학을 배워 왔지만, 달라이 라마를 제외하고는 그의 탁월한 지성과 비견할 만한 그 누구도 만나보거나 읽어 본 적이 없었다."(Ken Wilber, Eye to Eye: The quest for the new paradigm), 김철수 역, 『아이 투 아이』, 서울: 대원출판, 2004, p. 14-15.
2) 켄 윌버의 책 『아이 투 아이』의 서평에서 짐 게리슨이 한 말.

켄 윌버와 그의 저서
『아이 투 아이』

켄 윌버의 전/초오류(pre/trans fallacy)

전이성적 단계와 초이성적 단계를 서로 혼동하고 동일시하는 것을 말한다. 즉 윌버는 신화의 단계나 미신적인 신앙의 단계를 전煎(pre) 이성적 단계라고 하고 영성에 의한 직관, 깨달음, 돈오 등의 단계를 초超(trans) 이성적 단계라고 하는데 이 양자를 서로 동일시하거나 전자를 후자로, 후자를 전자로 착각하는 것을 '전/초오류'라고 한다. 이러한 오류는 전이성적이거나 초이성적인 것이 모두 비非이성적이라는 측면에서 같기 때문에 일어난다.

신화 혹은 미신	과학	깨달음
전이성	이성	초이성
잠재의식	자아의식	초의식
전개인	개인	초개인
자연	인간	신성
전논리적	논리적	초논리적

결과 인식의 영역은 보이는 세계에 한정되었다. 여기에 한계가 있다. 그 두 가지 요소는 인식의 중요한 능력이기는 하지만 그것만이 다가 아니다. 인류는 이성적 사유의 기간보다 수십 배의 세월을 감성과 영성의 사유로 살아왔다. 그러나 이성이 눈뜨면서 인간은 영성의 눈을 감아버렸다. 그 존재조차 부정하였다.

켄 윌버에 의하면 영안, 혹은 정신의 눈으로 표현되는 제 3의 눈이 존재한다.[3] 뿐만 아니라 경험과 사유 이외에 정신적 능력에 의한 영적 직관이란 능력이 분명히 존재한다. 그의 사상의 핵심은 다음과 같은 문장으로 드러낼 수 있다.

보이는 것만이 존재의 전부는 아니다. 진정한 해답은 감

---

3) 윌버 사상에서 신화 세계에서의 영성과 과학적 이성주의를 극복한 현대사회의 영성은 서로 구분된다. 그는 이를 前前 이성 단계의 영성과 超超 이성 단계의 영성으로 구분한다. "전 이성적이고 유치하고 전 관습적이고 나르시스적인 환상에 빠져있는 단계가 있으며, 탈 관습적이고 초 이성적이고 후 자율적이고 초 개인적인 자각이 있는 단계가 있다. 앞 단계(예를 들어 마법적-정령적 단계나 신화적-멤버쉽 단계)에서는 궁극적인 실재가 하늘에 앉아 계시는 흰 머리카락과 수염이 있는 할아버지, 생물학적인 처녀의 몸에서 태어나서 물 위를 걷는 사람, 또는 태어날 때부터 이미 900살이었던 늙은 도인과 같은 모습으로 그려진다. 그리고 이런 전 이성적인 신화들이 모두 문자적으로 틀림이 없는 진실로 받아들여진다. 그러나 뒤 단계 또는 탈 관습적 단계에서는 궁극적인 실재가 존재의 비이원적인 근거, 무시간적인 현재 상태, 또는 후 이성적인 의식의 통일 상태 등으로 묘사된다. 이 둘의 차이는 밤과 낮의 차이와 같으며, 그 사이에 새벽 역할을 하는 이성이 있다."(K. Wilber, *The integral vision*, 정창영 역, 『켄 윌버의 통합비전』, 서울: 물병자리, 2008, p. 124-5) 윌버는 이 두 가지 서로 다른 영성을 혼동하는 것에 대해 "전前/초超오류"라고 한다. 즉 전이성적인 단계의 신화와 초이성 단계의 영성을 혼동하는 것이다. 그 이유는 둘 다 비이성적이기에 유사하게 보이기 때문이다.(K. Wilber, 『통합비전』, p. 123이하 참조)

각영역이나 지적영역이 아닌 초월영역에 놓여 있다. 초
월 영역은 명상을 통하여 관조의 눈을 떴을 때 그 모습
을 드러낸다.[4]

그렇다면 윌버가 보는 감각과 이성, 그리고 영성의 차이는 무
엇인가? 그리고 감각이나 이성과 다른 영성만의 능력은 무엇인
가?

윌버는 인간의 인식능력을 세 가지로 구분하는데 그것은 육신
의 눈, 이성의 눈, 관조의 눈이다. 『아이 투 아이』에 일관되게 흐
르는 관점은 이 세 가지 인식 능력의 구분과 그 각각의 인식의
방법과 대상에 관련된 것이다. 사실 윌버의 이러한 구분은 교부
철학자인 성 보나벤투라St. Bonaventura(1221-1274)[5]의 구분에 의
지하고 있다.[6]

켄 윌버의 『아이 투 아이』를 번역한 김철수 교수는 원래의 부
제 '새로운 패러다임의 탐구' 대신에 '감각의 눈, 이성의 눈, 관
조의 눈'이라는 부제를 달았다. 이 제목은 윌버의 논문 모음집인
이 책의 첫 번째 논문의 제목이기도 하다. 그는 이 논문에서 경험
적 과학의 성질, 철학적 지식의 의미, 초월적 영적 지식의 핵심에

---

4) K. Wilber, 『감각과 영혼의 만남』, p. 78.
5) 영국의 스콜라 철학자이며 프란체스코 수도회의 수사. 그의 스콜라 철학은 아
우구스티누스, 신플라톤학파, 신비주의에 합치하여 신의 존재 증명에서 존재론
적 증명을 받아들인다. 인식의 최고단계는 인간이 신과 합일하는 황홀적인 관조
상태라 하였다.
6) K. Wilber, 『아이 투 아이』, p. 61.

대해 검토한다고 말한다. 그리고 그 세 영역의 지식을 얻는 인식의 기능으로 세 가지 눈을 설정한다. 물론 이는 앞에서 말한바와 같이 서구 중세의 신학자인 보나벤투라의 구분에 기초한다. 이를 간략히 정리하면 다음과 같다.

1. 육신의 눈(eye of fresh) : 공간, 시간, 대상들로 구성되는 외부 세계를 지각하는 기능
2. 이성의 눈(eye of reason) : 철학, 논리, 마음 자체에 대한 지식을 얻는 기능
3. 관조의 눈(eye of contemplation) : 초월적 실재에 대한 지식에 이르도록 해주는 기능[7]

이러한 보나벤투라의 구분을 근거로 윌버는 자신의 논문 제목, 그리고 자신의 저서 제목을 『아이 투 아이』라고 명명했다. 그 이유는 육신, 이성, 관조 각각의 눈이 갖는 능력에 대한 기술과 관련되어 있기 때문일 것이다.

육신과 이성은 육신의 눈, 이성의 눈이 속한 주체이지만, 사실 관조의 눈은 표현상 부정확하다. 왜냐하면 관조 자체가 인식 작용이기 때문이다. 따라서 엄격히 표현한다면 '영성의 눈'이 더 정확하다. 그래서 우리는 육신의 눈, 즉 감성의 인식 작용인 감각, 이성의 눈의 인식 작용인 사유, 그리고 영성의 눈의 인식 작용인 관조라고 표현해야 한다. 윌버의 주장은 감성, 이성과

---

7) K. Wilber, 『아이 투 아이』, p. 61이하 및 『감각과 영혼의 만남』, p. 43 이하 참조.

함께 영성이 존재한다는 것이다. 그리고 그 영성의 인식 작용이 관조이며, 관조를 통해서 우리는 초월적 대상을 인식할 수 있다는 것이다.

> 순수한 영성은 이제 더 이상 단지 신화적이거나, 상상적이거나, 신화학적이거나, 신화시대의 서사시적인 것일 수만은 없다... 그것은 그 핵심에서는 일련의 신비적, 초월적, 명상적, 관조적, 요가/기공적 직접 체험이어야 하고...한마디로 순수한 영성은 직접적인 영적 체험에 바탕을 두어야 하며, 모든 타당한 지식의 세 요건, 즉 교시, 이해, 승인에 엄격하게 근거해야 된다.[8]

켄 윌버는 이처럼 세 가지 인식 기능을 통해서 우리가 갖는 지식의 영역을 구분한다. 육신의 눈은 시공과 물질의 영역을 대상으로 하여 경험적 지식을 얻는다. 이러한 눈의 기능으로 로크의 경험론을 들고 있다.[9] 이성의 눈은 관념, 심상, 논리, 개념의 세계를 대상으로 한다. 윌버는 이를 마음의 눈이라고 부르는데, 플라톤의 이데아는 초경험적 실체이며 오직 마음의 눈으로만 볼 수 있다. 관조의 눈은 이성의 눈을 초월한다. 마치 이성의 눈이 감성의 눈을 초월함으로써 초경험적이라면, 관조의 눈은 초합리적이다. 윌버는 철학자의 탐구와 관조가의 탐구는 아무런 공통점도 없다고 주장한다. 이는 마치 앞에서 필자가 말한바 데카르트

---

8) K. Wilber, 『감각과 영혼의 만남』, p. 276-7.
9) K. Wilber, 『아이 투 아이』, p. 63.

의 직관과 가섭의 직관이 다른 것과 마찬가지다.[10]

실재의 각 수준은 그것과 관련되는 독특한 지식의 분야를 갖고 있다는 것이다. 물리학은 물질을 연구하고, 생물학은 생체를 연구한다. 심리학과 철학은 마음을 다루고, 신학은 영혼과 신과의 관계를 연구한다. 그리고 신비주의는 형상이 없는 하느님, 또는 순수한 공空, 신과 영혼조차도 넘어서는 정신의 치열한 영적 체험에 대해 연구한다.[11]

이 때 중요한 것은 각각의 눈은 각각의 영역에서 타당하고 유용할 뿐 그 영역을 벗어나서 작동할 수 없다는 점이다. 이를 다르게 표현하면 만일 각각의 인식능력이 서로 다른 범주의 영역에 대해 관여한다면 이는 잘못된 판단을 이끌어내게 될 것이라는 점이다. 이를 윌버는 범주오류(category error)라고 부른다.[12]

경험적 과학과 종교 간의 갈등은 언제나 그래왔듯이 종교의 유사 과학적 측면과 과학의 유사 종교적 측면 간의 갈등이다...이는 일종의 범주오류, 즉 신학자가 과학자가 되려하거나 과학자가 신학자가 되려 하기 때문에 발생한 것으로 볼 수 있을 것이다. 과거에는 신학자가 과학자가 되려고 애쓰는 것이 가장 일반적인 상황이었다. 그

---

10) 본서 II부, 〈종교적 직관〉 참조.
11) K. Wilber, 『감각과 영혼의 만남』, p. 30.
12) K. Wilber, 『아이 투 아이』, p. 67. 및 『감각과 영혼의 만남, p. 49.

리스도의 말씀을 역사적 사실로서, 창조를 경험적 사실로서, 동정녀 출산을 생물학적 사실로서 보려는 것이 그것이다.[13)]

이처럼 범주오류의 가장 대표적인 경우가 과학과 종교의 관계이다.[14)] 과학은 신화에 검증의 잣대를 들이대고 그 결과 눈으로 볼 수 있는 것만을 인정했다. 현대과학의 범주오류는 더욱 철저하고 광범위하게 퍼져있다. 오랜 시간 과학은 그 영역을 확대해왔다. 오늘날 과학이 이루어 놓은 성과는 엄청나며, 이를 통해서 인간은 사물의 본성에 가까이 가게 되었다. 누구도 과학의 능력을 부정할 수도 무시할 수도 없다. 그러나 문제는 여기에 있다. 과학의 위대한 역할은 과학지상주의의 오류에 빠지게 된다는 것이다. 다음의 인용문은 과학이 종교에 대해 범하는 범주오류의 한 예이다.

만약 우리가 완벽한 이론을 발견하게 된다면 그것은 오직 소수의 과학자에 국한되지 않고 모든 사람이 넓은 원리에서 이해할 수 있는 날이 올 것입니다. 그렇게 되면

---

13) K. Wilber, 『아이 투 아이』, p. 103.

14) 과학과 철학과 종교가 각각의 진리영역을 가지고 있다는 전제에서 범주 오류란 말이 타당하다. 윌버는 이러한 측면에서 범주오류는 곧 인식론적 다원주의와 같은 맥락이라고 설명한다. "그 각각은(경험적, 합리적, 영적 지식) 각기 스스로의 수준을 다룰 때는 중요하고 매우 타당하지만 만약 다른 영역 쪽을 넘보려 시도한다면 매우 심각한 혼란에 빠지게 된다. 이것이 바로 인식론적 다원주의 사상의 진짜 핵심 부분이며, 그것이 의미하는 한도 내에서 그것은 정말 매우 타당한 것이다."(윌버, 『감각과 영혼의 만남』, p. 45)

철학자건 과학자건 보통 사람이건 모두가 우리 인간과 우주가 왜 존재하는가에 대해서 같이 토론할 수 있을 것입니다. 만일 우리가 그 대답을 얻게 된다면 그것은 인간의 이성이 획득할 수 있는 최후의 승리가 될 것입니다. 왜냐하면 우리는 이제 하느님의 마음을 헤아릴 수 있게 될 테니까 말입니다.[15]

누가 혹은 무엇이 우주를 창조했느냐는 질문은 정당하지만 그 질문에 신이 창조했다고 대답하는 것은 원래의 질문을 누가 신을 창조했느냐는 새로운 질문으로 바꾸는 것에 불과하다...우리는 온전히 과학의 범위 안에서 어떤 신적인 존재에도 호소하지 않고 위의 질문들에 대답할 수 있다고 주장한다.[16]

이 두 인용문은 동일한 물리학자(스티븐 호킹S. Hawking)의 주장인데 앞의 인용문은 유신론을, 뒤의 인용문은 무신론을 주장하고 있다. 이처럼 현대 물리학의 리더인 호킹은 신의 존재를 인정했던 지난날의 입장을 바꿔서, 최근에 과학적으로는 신이 존재할 필요가 없다

스티븐 호킹

---

15) S. Hawking, *A brief history of time*, 현정준 역,『시간의 역사』, 서울: 청림출판, p. 212

16) S. Hawking, *The Grand Design*, 전대호역,『위대한 설계』, 서울: 까치, 2010. p.216. 여기서 위의 질문이란 "왜 무가 아니라 무엇인가가 있을까?, 왜 우리가 존재할까?, 왜 다른 법칙들이 아니라 이 특정한 법칙들이 있을까?"이다.

는 논리로 무신론을 주장했다. 그러나 유신론이든 무신론이든 과학이 신의 존재에 대해 가부를 결정할 어떤 권한도 없다는 점에서 호킹의 이론은 과학의 한계를 벗어난 것이다. 호킹의 잘못은 과학적으로 우주의 원인을 관찰하고 그 결과를 도출했지만 이를 과학의 영역을 벗어난 신의 문제로 확장시킨 것에 있다. 윌버는 이에 대해 다음과 같이 비판한다.

> 과학지상주의의 오류는 다양한 방식으로 말할 수 있을 것이다. 과학지상주의자는 "육안으로 볼 수 없는 것은 경험적으로 확인할 수 없는 것이다"라고 말하는데 그치지 않고 "육안으로 볼 수 없는 것은 존재하지 않는 것이다"라고 말하는 데까지 나아갔다. 그것은 "오감의 영역에서 지식을 얻어내기 위한 훌륭한 방법이 있다"고 말하는 데서, "따라서 마음과 관조에 의해 얻은 지식은 타당하지 않다."라고 말하는 데까지 나아갔다.[17]

윌버는 주로 감각의 눈이 과학을 통해 관조적 영역을 침해한다고 비판한다. 과학지상주의는 과학적 세계만이 진리라고 주장하고 있다는 것이다. 과학과 종교, 그 양자의 인식은 완전히 다르다. 철학과 과학이 자신의 영역에서 본연의 역할을 하고 있지만 모든 철학과 과학이 그러한 것은 아니다. 앞에서 본 호킹과 데카르트의 경우가 그러하다. 그들이 자신의 영역을 넘어서는

---

17) K. Wilber, 『아이 투 아이』, p. 84.

것에서 시작된 오류, 그것이 범주오류이다.[18]

2) 초월적 인식의 가능 근거

경험적 지식과 이성적 지식의 검증기준은 각각 경험적 검증과 합논리성이다. 예를 들어 '내가 그녀에게 선물한 장미는 붉은 색이다.'라는 명제와 '모든 천사가 날개를 가지고 있다면 가브리엘도 날개를 가지고 있다.'는 명제를 살펴보자. 앞의 명제의 진리성은 직접 장미를 확인하는 방법으로 검증하거나 반증할 수 있다. 만약 장미를 확인한 결과 하얀색이라면 이 명제는 거짓으로 판명된다. 이 때 확인이란 그 장미를 보는 것, 즉 시각이라는 감각적 방법으로 가능하다.

그러나 뒤의 명제는 결코 경험적으로 검증되지 않는다. 왜냐하면 천사는 경험적으로 확인할 수 있는 존재가 아니기 때문이다. 그러나 이 명제는 결코 거짓이 아니다. 이 명제의 가치는 논리적 타당성에서 찾아진다. 이성적 지식은 경험적으로 사실 여부를 판단해서 그 지식의 가치를 판단하는 것이 아니라 논리적 정합성으로 그 명제의 가치를 결정한다. 그렇다면 초월적 인식

---

18) 과학과 종교가 항상 대립적 관계에 있었던 것은 아니다. 호트는 과학과 종교의 관계를 네 가지 방식으로 정리한다. 즉 갈등, 분리, 접촉, 지지이다. 그 각각은 과학과 종교가 근본적으로 화해 불가능하다는 확신, 과학과 종교가 근본적으로 다른 질문에 응답한다는 사실, 과학과 종교 사이의 대화, 종교가 과학을 지원한다는 관점이다.(J. F. Hayght, *Science & Relegion*, 구자현 역,『과학과 종교』, 서울: 코기토, 2003. p. 17)

의 경우는 어떠한가.

월버는 모든 지식은 세 가지 단계를 거쳐서 주어진다고 말한다. 도구적 요소와 계발요소, 그리고 공동체적 요소가 그것이다. 이 세 요소는 어떤 영역의 인식에서든 공통된 절차라고 주장한다.

1. 도구적 또는 교시적 요소instrumental or injunctive strand(시도)
   당신이 이것을 알고 싶으면 이렇게 하라.
2. 계발 또는 파악 요소illuminative or apprehensive strand(훈련)
   알고 싶다면 계발하라.
3. 공동체적 요소communal strand(증명)
   알았다면 비교해보라. 그래서 공유하라.[19]

이를 『감각과 영혼의 만남』에서는 각각 도구적 교시(instrumental injunction), 직접적 이해(direct apprehension), 전문가 집단의 승인(communal confirmation)이라고 말한다.[20] 이러한 도식화가 가능한 것은 모든 인간 인식의 가능 근거가 동일한 방식에서 이루어지기 때문이다. 즉 감각이든 이성이든 영성이든 무언가를 알기 위해서는 알고자하는 관심과 시도가 있어야 한다.

그 다음 단계는 계발요소, 혹은 훈련인데 이 단계는 셋 중에서 가장 중요하고 어렵다. 육상을 하기 위해서는 일단 일어서는 것

---

19) K. Wilber, 『아이 투 아이』, p. 98-102 참조.
20) K. Wilber, 『감각과 영혼의 만남』, p. 260.

이 중요하다. 앉아서는 육상을 할 수 없다. 일어서는 행위가 시도라면, 그 다음 걷고 뛰고 점프하는 행위를 반복하여 보통사람들보다 뛰어난 기술과 능력을 함양하는 단계가 바로 훈련이다. 이 훈련의 정도에 따라서 전문가가 되기도 하고 비전문가가 되기도 하며, 올바른 선수가 되기도 하고 나쁜 선수가 되기도 한다.[21]

세 번째 단계는 검증이다. 즉 시도와 훈련을 통해서 얻은 인식 내용이 과연 진리인지 아닌지를 확인하는 것이다. 이 확인을 거쳐서 우리의 인식은 진리가 되기도 하고 거짓된 인식으로 폐기되기도 한다. 이는 앞에서도 말한바와 같이 경험적 지식이든 이성적 지식이든 검증과 반증에 의해서 결정된다. 감성과 이성의 눈에 의한 이러한 인식의 단계와 진리의 기준에 대한 논의는 이미 앞에서도 많이 다루어왔다. 문제는 제 3의 눈이며, 감성과 이성과는 차원이 다르고 생소한 영적인 눈, 깨달음에 대해서는 진리에 도달하는 과정과 진리를 확인하는 과정이 어떠한가 하는 점이다.

윌버가 인식론의 영역에서 위대한 점은 바로 이것에 대한 인식론적 체계를 구성하고 있다는 점이다. 즉 윌버는 감성과 이성의 영역과는 완전히 다른 초월적 영역에 대한 인식론적 분석을 수행하고 있고 이를 체계화하고 있다. 이는 육신의 눈과 마음의

---

21) 감각적 눈의 경우에 "당신이 세포핵을 보고 싶으면 조직해부를 어떻게 하는지, 현미경 사용법은 어떤지, 조직 염색법을 배우고 세포 구성 성분을 구별하는 법을 배워야 한다."라는 복잡한 훈련이 요구된다.

눈으로 대상을 파악하는 것과 같은 구도이다. 즉 시도, 훈련, 검증이다. 윌버는 이 각각에 대응되는 것을 좌선 혹은 명상, 깨달음, 스승으로 부터의 인가認可라고 말한다.

> 초월적 영역에서의 지식도 교시, 계발, 그리고 확증이라는 정확히 동일한 방식으로 획득된다. 선에서는 좌선, 깨달음, 인가가 바로 그것이다. 세 요소 모두를 갖추지 않은 선이란 없다.[22]

윌버는 신비지식이 공공연한 지식이 아니라 사적私的이라서 합의적 검증이 불가능하고, 따라서 진정한 지식이 될 수 없다는 주장은 넌센스라고 비난한다. 그럼에도 경험과학적 비판, 즉 영적인 경지는 없는 것이고 그것은 단지 두뇌의 물리적 작용으로 환원될 수 있거나, 설사 그러한 경지가 있다고 하더라도 증명할 길이 없으므로 무의미하다는 주장에 직면한다.[23] 실제로 과학은 달나라에 다녀옴으로써 방아 찧는 토끼의 신화를 부정하기도 했다. 경험주의의 최고점에는 어떤 종교나 신비주의적 주장도 경험으로 환원되거나 부정된다는 믿음이 놓여있다.

경험주의자의 끈질긴 비판은 윌버에게 받아들여지지 않는다. 그는 훈련된 관조의 눈은 육안이 바위를 직접 보는 것처럼 관조

---

22) K. Wilber, 『아이 투 아이』, p. 101.

23) 예를 들어 심리환원주의자들의 주장이 그러하다. 그들은 모든 심리적 현상을 두뇌의 물리적 현상으로 환원함으로써 심적 영역을 부정한다.(김재권, 『심리철학』, 하종호 김선희 역, 서울: 철학과 현실사, 2004, p. 359 이하 참조.)

의 눈으로 도의 경지를 직접 보는 것이며, 이러한 행위는 그 자체 신의 존재를 증명하는 것이라고 주장한다.

좌선, 명상, 수행 등을 통해 관조의 눈으로 본 대상들은 지금까지 초과학적, 초철학적인 것이며, 따로 종교적이라고 불리어지는 대상인 신이나 불성, 도, 진아 등이다. 문제는 이들의 존재에 대한 증명이다. 물론 윌버는 이것이 가능하다고 주장한다. 그러나 이천년이 넘는 사고의 관성으로 과학과 철학에 의해 언제나 침묵의 대상이었던 것이 바로 이 문제였다. 이는 경험적, 철학적 증명이 아니라 관조적 증명으로 가능하다고 한들, 그 관조적 증명 또한 문제 자체이다. 즉 이것이 객관적 경험이나 정합적인 논리로 누구에게나 쉽게 검증되지 않는다는 점이다. 혹은 관조적 지식이 검증 자체가 불가능하다고도 한다. 물론 이러한 주장에 대해 윌버는 '범주오류'라는 전가의 보도로 대응할 것이다. 즉 각각의 눈은 각각의 방법을 갖고 있으며, 따라서 그 각각의 방법에 따른 시도와 훈련 없이는 각각의 영역에 들어갈 수 없다는 것이다. 이는 다음과 같이 도식화할 수 있다.

1. 육신의 눈
   - 목성의 테두리는 어떻게 볼 수 있는가?   실험
2. 마음의 눈
   - 피타고라스 정리는 어떻게 알 수 있는가?   연역
3. 영적인 눈
   - 신의 존재는 어떻게 체험할 수 있는가?   관조

이 중에서 앞의 두 가지 영역에 대해서는 감성적, 이성적 차원에서 충분히 공감이 가고 검증과 반증이 가능했다. 그리고 우리는 모두 그 영역의 가치와 실용성을 인정한다. 실재로 우리는 실험과 연역을 통해 만들어진 세계 속에서 그 법칙에 순응하며 적어도 보이는 세계를 살고 있다고 믿는다. 문제는 여전히 세 번째 단계이다.

진아는 어디에 있는가?

해탈의 경지에서는 선악이 존재하지 않는가?

공호의 경계는 어떠한가?

이러한 질문들을 다루는 관조의 영역은 그 답을 어떻게 어디에서 찾을 수 있는가? 물론 영적 세계(선불교)에서는 이러한 문제에서 답이 논리적으로 주어진다고 말하지는 않는다. 논리적으로 말하는 순간 그것은 이미 이지적 답변이지 직접적이며 초월적인 답변이 될 수 없다. 불립문자不立文字이며 언어도단言語道斷이며 어불성설語不成說이다. 그럼에도 월버는 관조적 영역이 공동체적 요소로 검증가능하다고 말한다.[24]

영적인 눈을 개발하는 노력에 대해서 월버는 정신적 자료영역에서의 박사과정 훈련[25]이라고 말한다. 영적인 눈을 뜨기 위해

24) 월버는 깨달음이 선사들에 의해 말로 표현되기도 한다고 한다. 그러나 그 말은 지적 논리적 말이 아니다. 그것은 단지 관조적 기호일 뿐이며, 그러한 관조적 기호는 오직 선 수행을 통해 경지에 오른 자들만이 이해할 뿐이다. 결국 그것은 말이 아닌 말, 어불성설인 셈이다.

25) K. Wilber,『감각과 영혼의 만남』, p. 286.

서는, 그리고 초월적 대상에 대해 확인하고 싶은 자는 누구도 이 과정을 거쳐야 한다는 주장일 것이다. 물리학 박사학위를 받기 위해서, 철학 박사학위를 받기 위해서 훈련하는 것과 같은 의미이다. 월버는 정신영역의 박사 수련을 통해서 열심히 훈련을 받는다면 이 수련이 결실을 맺을 것임을 주장하는 것이다.

> (이 훈련을 통해서) 직접적이며 즉각적인 돈오로 견성이 순간적으로 일어나기 시작한다. 그 후에 이 성과는 깨달음을 완수한 자들에 의해서 검사된다.(승인되거나 거부, 검증과 반증)[26] 영적인 눈이 바라보는 마지막 경지는 바로 돈오頓悟, 즉 깨달음이다. 그리고 그 깨달음의 내용은 깨달음을 추구한 동료나 먼저 깨달은 자에 의해서 확인되어야 하고, 그 확인을 거쳐 깨달음은 진리로서의 자격을 얻는다.[27]

위의 인용문에서 중요한 것은 공동체적 인가이다. 불교에서도 공안公案이란 것이 있다.[28] 물론 이는 깨달음을 공적으로 인가하

---

26) K. Wilber, 『아이 투 아이』, p. 49 참조.

27) 이 말은 곧 깨달음을 검토할 수 있는 자는 오직 영적인 눈을 뜬 자라는 것을 뜻한다. 감각과 이성으로 아무리 높은 경지에 오른 자라 하더라도 영적인 눈이 없다면 깨달음에 대해 왈가왈부할 수 없다. 이는 반대로 깨달음을 얻은 자는 특수상대성이론에 대해 토론할 자격이 없는 것과 같다.

28) 다 알다시피 공안公案이란 선종에서 수행자의 마음을 연마하기 위하여 내는 시험문제인데, 한 사람이 내지 않고 여러 선사들이 공동으로 고안하므로 공안으로 불린다.

는 윌버의 생각과는 다르지만 결국 공안 역시 여러 선지식의 공통된 깨달음을 수단으로 만들어진 것이란 점에서 공동체적 요소를 가지고 있다. 선에 있어서 공적인 요소란 과연 어떻게 가능한가? 물리적 대상에 대해서는 동일한 경험을 함으로써 공동체적 인가가 가능하다. 철학도 동일한 사고를 논리적으로 표현함으로써 설득력을 얻고 다수의 인가를 받을 수 있다. 그러나 영적인 대상에 대한 인가가 경험이나 논증처럼 어떤 방법을 가지고 있는가 하는 점이다. 이에 대한 윌버의 대답은 아마도 '이심전심以心傳心'일 것이다. 불교의 견성성불見性成佛이 수천 년을 거쳐서 이심전심으로 흘러온 것과 같은 방법이다. 이 말은 영적인 눈과 그 눈으로 본 경지도 객관적인 영역이라는 주장이다.

> 선의 정수는 "경전 이외의 특별한 전수로서(教外別傳, 즉 스승과 제자 사이의) 단어와 문자에 의존하지 않고(不立文字, 마음의 눈) 자신의 본성을 관조의 눈으로 보고 부처가 된다(見性成佛)"는 것이다. 그것은 관조의 눈으로 직접 보는 것이며, 그와 같은 눈에게는 직접적으로 공적인 것이기 때문에 스승으로부터 제자에게로 전수될 수 있다. 기하학이 마음의 눈에, 비오는 풍경이 육신의 눈에 그러한 것처럼 신에 대한 지식도 관조의 눈에는 공적인 것이다.[29]

이것이 윌버가 주장하는 영적인 눈에 대한 결론이다. 그러나

29) K. Wilber, 『아이 투 아이』, p. 102.

이러한 결론은 여전히 오리무중이다. 단지 말로 표현된 설명에 불과하고, 윌버가 말했듯이 말로 표현된 어떤 것도 영적인 눈에 대한 설명이 될 수 없다. 내가 그 경지에 도달하지 않는다면 도루묵이다. 초월적 인식은 내가 초월적 눈을 떠야 하고, 내 친구가 초월적 눈을 떠야하며, 초월적 경지에 이른 스승이 있을 때 진리로서 인정될 뿐이다.[30]

이러한 주장의 가능성과 확실성을 받아들이게 하는 것은 윌버의 다음과 같은 고백 이외에 다른 방법이 있을 수 없다.

> 나는 영성이 존재한다고 믿는 사람으로서, 이미 그런 경향을 지닌 사람으로서...[31]

3) 인식과 깨달음

윌버 사상의 핵심은 영적인 눈이 존재하며, 그 영적인 눈에 의해 인식되는 초월적 대상이 존재한다는 것이다. 이러한 인식 작용을 윌버는 '깨달음'이라고 말한다. 그렇다면 인식과 깨달음은 어떤 차이가 있는가? 간단하게 대답한다면 깨달음은 인식의 한 종류이다. 즉 우리는 수많은 종류의 인식을 수많은 방법으로 얻

---

30) K. Wilber,『아이 투 아이』, p. 138. 증산도 깨달음의 방법에서 이를 더 자세히 알 수 있다. "도의 세계에 들어서기 위해서는 무엇보다도 고통과 역경 속에서 허우적거리는 창생을 건져 내겠다는 '상생의 큰 염원'을 품어야 한다. 그리고 도안道眼을 빨리 틔우기 위해서는 먼저 한 소식을 들은 참 스승을 만나야 하고, 영대靈臺와 헤두慧竇를 열어주는 그 스승에게서 진리의 말씀을 듣고 크게 깨어나야 한다." (안경전,『이것이 개벽이다』하, p. 18)
31) K. Wilber,『아이 투 아이』, p. 139.

고 있다. 그 수많은 종류를 세
가지로 구분하면 감각적 인식,
이성적 인식, 영적 인식이다.
그리고 그 각각의 인식을 얻는
방법이 경험, 사유, 명상이다.

월버에 따르면 이 세 가지
인식의 공통점은 시도, 훈련,
검증이라는 동일한 단계를 거
쳐서 진리에 접근한다는 것이
다. 물론 그 각각의 단계에서 이루어지는 인식 작용은 다르며,
그 결과 서로 다른 인식 영역을 구성한다. 그런데 여기서 주목할
만 한 점은 월버가 각각의 인식에서 중요한 특징으로 꼽는 것이
직관이라는 점이다. 즉 육신의 눈은 감각을 통해서 외적 대상을
직관적으로 경험하고, 이성의 눈은 사유를 통해 진리를 직관적
으로 경험하며, 영적인 눈은 명상을 통해 초월적 대상을 직관적
으로 경험한다. 모든 인식의 출발은 '경험'이며, 더 자세히 말하
면 '직관적 경험'이다.

넓은 의미에서 볼 때 '경험'이란 단순히 감각적, 심적, 그
리고 영적인 영역에 대한 직접적인 파악, 즉각적인 소여,
직관 등과 동의어이다. 말하자면 모든 지식은 (경험론자들
이 주장하듯이) 경험에 바탕을 두고 있지만, 감각 경험에만

바탕을 두고 있는 것은 아니다.[32]

월버는 인식 작용 모두를 경험이라는 말로 통일하는데, 물론 이 때 경험이란 감각 경험만을 의미하는 것은 아니다. 월버는 인식 작용을 경험이라고 부를 뿐이다. 결국 감각적 경험주의, 이지적 경험주의, 영적 경험주의가 가능하다.[33] 이렇게 말하는 이유는 분명한데 그는 우리의 모든 인식 작용이 -깨달음을 포함해서- 나의 직접적이고 분명한, 확인 가능한 체험임을 강조하는 것이다.

이러한 생각은 다른 복잡한 문제도 해결해주는데 바로 어떤 영역의 인식이든 그것이 경험적, 체험적 인식이므로 언제든지 검증가능하다는 점이다. 이러한 믿음은 감각 경험이 같은 경험을 하는 사람들에 의해 공유될 수 있는 것처럼, 정신적, 영적 경험도 타인과 공유될 수 있는 공통적 요소를 가지고 있으며, 이는 간주관성間主觀性에 의해 검증된다는 믿음이다. 그리고 이러한 믿음의 근저에 직관적 인식 경험이 깔려 있다.

월버가 말하는 직관은 앞에서 다룬 감성적 직관, 이성적 직관, 종교적 직관과는 비슷하면서도 다르다. 물론 그것이 어떤 과정 없이 직접 주어진다는 점에서는 동일하다. 그러나 월버는 그 직관의 대상이 주어지는 방법을 문제 삼을 뿐이다.

---

32) K. Wilber, 『아이 투 아이』, p. 113. 물론 월버가 여기서 말하는 경험은 체험을 뜻한다.
33) K. Wilber, 『감각과 영혼의 만남』, p. 255.

내가 광의로 직관이란 말을 사용할 경우, 그것은 단지 어떤 영역에서든 직접적이고 즉각적인 파악을 의미하는 것이다. 그러한 직접적인 파악, 경험 또는 직관이 하나의 자료를 가장 잘 규정해 준다.

직관에 대한 월버의 이러한 언급들이 목표로 하는 것은 영적 인식과 대상에 대한 실재성을 주장하기 위한 합당한, 설득력 있는 주장이다. 즉 영적 직관은 존재하는 전체에 대한 즉각적 깨달음이 될 수도 있다는 것이다. 이제 월버가 말하고자 하는 종착점에 도달했다. 영적 영역에서의 이러한 즉각성, 관조의 눈에 의한 직접적인 지각, 영적 직관을 월버는 일상적으로 누구나 알 수 있는 단어인 깨달음이라고 말한다.

교시 요소(명상, 수행)를 소화하고 난 후, 탐구자(선 수행자)는 두 번째 요소, 즉 교시에 의해 드러난 대상 영역에 대한 직관적인 자료(초월적 세계에 대한 자료)에 개방된다. 이러한 직관적 파악-즉각적이고 체험적인 효과 또는 지각-은 선에서 깨달음 또는 견성見性이라고 알려져 있는데 둘 다 근본적으로 '자신의 영적 본성을 직접 꿰뚫어 봄'을 의미하는 단어이다.[34]

이 말 속에 월버가 하고 싶은 말이 다 들어있다. 즉 영적인 눈은 수행과 명상으로 초월적 세계에 도달할 수 있고, 이러한 세계

---

34) K. Wilber, 『아이 투 아이』, p. 137.

에 대한 직접적인 체험, 직관을 깨달음이라고 하며 이는 '자신의 영적 본성을 직접 보는 것'이다. 즉 깨달음은 영적 인식, 영적 직관, 영적 체험이라는 것이다.

이렇게 직관을 강조하는 이면에는 영적 인식의 논리적 해명이나 논증에 대한 반감이 들어있다. 실제로 과학과 철학이 논리의 힘으로 학문의 영역에 들어가고, 또 이러한 논리의 힘으로 세계와 신의 문제를 해결하려고 하지만 이는 언제나 범주오류로 판명될 뿐이라는 것이다. 예를 들어 과학의 귀납적 추론(과학은 감각적 경험과 이성적 추론의 합작이지만)이 신의 부재를 증명한다고 하고, 철학적 논증은 신의 존재를 증명한다. 그러나 윌버가 보기에 신은 경험적 추론으로도 합리적 논증으로도 확인할 수 없는 존재이다. 오직 영적 직관에 의해서 체험적으로 인식될 뿐이다.

이처럼 영성과 깨달음은 종교의 시발점이자 목표이다. 그래서 "종교 없는 영성은 가능하지만 영성 없는 종교는 불가능하다. 제대로 된 종교라면 영성을 빼놓고는 안 된다는 말이다. 신학의 이론이 없어도 종교는 가능하다. 그러나 종교와 종교적 영성 없이 제대로 된 신학이 나올 수는 없다."[35]라는 주장이 나올 수 있는 것이다.

---

35) 프리쵸프 카프라, 김재희 역,『신과학과 영성의 시대』, 서울: 범양출판사, 1999, p. 31. 이 책은 대담집인데 이 인용문은 카프라와 대담한 토마스 매터스라는 베네딕토 수도회 수사의 말이다.

7 인식론의 새 지평

지금까지 살펴본 인식론을 바탕으로 증산도 인식론에 접근해 보기로 한다. 증산도 사상에서 인식론과 관련된 대표적인 개념은 '선지후각先知後覺'과 '만사지萬事知'이다. 선지후각은 인식의 두 가지 종류와 그 관계를 밝힌 것이고, 만사지는 인식의 경계를 표현하는 말이다. 그 양자는 '깨달음' 혹은 '도통'과 관련하여 서로 밀접한 관련이 있다. 증산도 인식론의 총결론이 만사지 문화에 있으므로 선지후각을 통해 도달하는 궁극의 경지는 바로 만사지가 될 것이다.

증산도 인식론의 결론인 만사지를 이해하기 위한 전제는 우주론이다. 우주론은 우주변화의 원리를 다루는 것인데, 우주의 변화는 단순히 우주 자체의 변화뿐 아니라 그 속에 살아가는 모든 존재의 존재양식에 큰 변화를 가져오기 때문이다. 따라서 인간의 인식 능력의 변화와 그 한계는 우주론과도 관련될 수밖에 없다. 특히 증산도 우주론에 의하면 선천先天과 후천後天의 인식론적 환경이 달라지기 때문이다. 선천에서는 인식의 한계가 분명히 드러나는데 그 이유는 선천이 상극의 세상이며 닫힌 세상[36]이기 때문이다. 이러한 선천의 한계를 극복하고 새롭게 열리는 세

---

36) 선천은 마음과 마음의 소통이 완전치 못한, 그리고 하늘과 땅과 인간과 신명의 소통이 자유롭지 못한 시대이며 이러한 선천의 상황을 닫힌 세계라고 표현한다.

상이 후천이다. 그리고 여기서 말하는 만사지는 선천의 인식론이 아니라 후천의 인식론적 경지이다.

이 장에서는 증산도 인식론의 기본 입장을 살펴보고 그 목적인 만사지에 대해 분석하고자 한다.

1) 증산도 선후천론과 인식

지식과 깨달음, 혹은 이성과 영성, 과학과 종교의 구분은 어디에서 비롯되는가? 필자의 관점에서는 논리와 초논리의 차이가 아닌가 한다. 물론 앞에서 필자는 이러한 입장에서 기존의 인식론과 그 인식의 한계를 벗어나는 직관, 그리고 깨달음에 대해서 살펴보았다. 인간의 삶에서 과학과 종교, 이 양자는 모두 없어서는 안 될 중요한 가치를 갖는다. 과학은 보이는 세계의 궁극을 보여주며, 종교는 보이지 않는 세계의 궁극을 깨닫게 해준다.

종교적 직관이나 켄 윌버가 말하는 명상을 통한 직관은 분명 학문적 지식과는 다른 새로운 인식을 준다. 그렇다면 앞에서 말한 불교나 기독교적 직관이나 윌버의 영적 지식이 인간이 얻을 수 있는 인식의 최고봉인가? 물론 그러한 인식이 과학적 지식과 차원이 다른 것은 분명하지만 그렇다고 인간이 도달할 수 있는 최고의 경지는 아니다. 그 이유는 필자가 아직 밝히지 않은 인식, 즉 만사지가 남아있기 때문이다.

기존의 인식과 만사지의 인식을 구별하기 위해서 반드시 필요한 설명이 바로 증산도 우주론이며, 좁혀서는 선후천론이다. 선후천론은 단지 우주의 질서와 관련된 담론이 아니라 그 속에 살아가는 모둔 존재자들의 존재질서, 특히 인간의 삶과 깨달음과도 밀접한 관련이 있기 때문이다. 필자는 이 절에서 선후천과 인식의 경지에 대해서 고찰하고자 한다.

증산도 우주론에서 지금 우리가 살아가고 있는 시대는 우주의 여름과 가을이 교차하는 하추교역기이다. 즉 이 우주는 129,600년을 주기로 순환하는데, 그 순환의 각 마디가 생生, 장長, 염斂, 장藏이며, 이를 우주의 봄, 여름, 가을, 겨울로 표현하기도 한다. 생의 계절인 봄에는 천지가 만물을 낳고, 장의 여름에는 만물을 무성하게 길러내고, 염의 가을에는 그 열매를 성숙시켜 추수하며, 장인 겨울에는 휴식기에 접어든다. 이는 우리 지구 1년의 순환과정과 비교해서 보면 쉽게 이해가 될 것이다. 이 때 봄과 여름을 선천先天이라고 하고, 가을과 겨울을 후천後天이라고 한다. 이러한 계절의 변화에서 중요한 시간대는 여름과 가을 사이이다. 여름에서 가을로 넘어가는 간절기間節期를 하추교역夏秋交易이라고 부르는데 이 하추교역기의 변화 현상을 증산도 우주론에서는 특별히 후천개벽後天開闢, 가을개벽이라고 한다.

선천과 후천의 가장 큰 차이는 만물을 구성하는 음양의 균형이 서로 다르다는 점이다. 선천은 음양이 조화를 이루지 못하여 상극의 질서를 낳고, 이 상극의 질서 속에서 인간과 문명은 상극의 삶, 상극의 문명을 영위할 수밖에 없다. 상극은 봄에 낳은 만

우주의 1년 선·후천 변화 운동

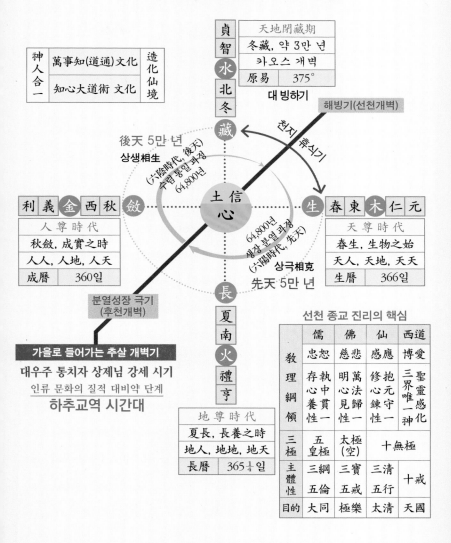

神人合一 | 萬事知(道通)文化 | 造化仙境
知心大道術 文化

貞智水北冬藏

天地閉藏期
冬藏, 약 3만 년
카오스 개벽
原易　375°
대 빙하기

해빙기(선천개벽)

천지 후식기

後天 5만 년
상생相生
(六陰時代(後天)
수렴 통일 과정
64,800년)

土信心

生　春東木仁元

利義金西秋斂
人尊時代
秋斂, 成實之時
人人, 人地, 人天
成曆　360일

天尊時代
春生, 生物之始
天人, 天地, 天天
生曆　366일

64,800년
생장 분열 과정
(六陽時代, 先天)
상극相克
先天 5만 년

長夏南火禮亨

분열성장 극기
(후천개벽)

가을로 들어가는 추살 개벽기
대우주 통치자 상제님 강세 시기
인류 문화의 질적 대비약 단계
하추교역 시간대

地尊時代
夏長, 長養之時
地人, 地地, 地天
長曆　365¼일

선천 종교 진리의 핵심

	儒	佛	仙	西道
教理綱領	忠恕	慈悲	感應	博愛
	存心養性 執中貫一	明心見性 萬法歸一	修心鍊性 抱元守一	聖靈感化 三界唯一神
三極	五皇極	太極(空)	十無極	
主體性	三綱五倫	三寶五戒	三清五行	十戒
目的	大同	極樂	太清	天國

물을 길러내는 원동력이 되기도 하지만 인간의 역사에서는 대립과 투쟁을 벗어날 수 없게 만든다. 이러한 상극의 질서는 음양이 조화를 이루는 후천에 이르러 상생의 질서로 전환하게 된다. 후천 상생의 질서는 모든 것의 변화를 새롭게 하며, 새로운 문명과 세계를 만들어 가는 바탕이 된다. 선천 상극에서 후천 상생으로의 변화, 그것이 바로 후천개벽이며 가을개벽이다.

이처럼 하추교역기는 단지 우주의 계절이 바뀌는 것을 의미하지는 않는다. 그 속에는 계절의 전환과 함께 그 우주 속에서 살아가는 모든 인간의 삶의 틀이 바뀌고, 나아가 새로운 문명의 탄생까지도 포함한다. 이러한 모든 변화의 절대 정신을 원시반본原始返本이라고 한다. 즉 봄, 여름에 태어나고 자란 모든 천지만물이 처음 생겨난 시원의 상태를 되돌아보고 그 뿌리로 돌아가는 우주 가을의 현상을 말한다. 상극의 질서에서 뒤틀리고 부조화한 모든 것들이 상생의 질서를 맞아 아름답고 조화로운 상태로 돌아가는 것이 바로 원시반본의 변화이다. 원시반본의 정신에 따라서 문명과 종교와 철학은 시원의 모습을 되찾고 성숙한 열매문화로 거듭나게 된다.

하추교역기는 우주 1년에서 가장 중요한 시기이다. 그 이전 봄 여름의 선천 문화가 새로운 방향으로 전환하여 후천의 새 문화를 낳게 되는데, 이러한 후천개벽의 변화를 섭리하시는 우주의 절대자가 바로 상제이다. 하추교역기에 선천의 병든 하늘땅을 뜯어고치고 인류를 구원하기 위해 이 땅에 강세하시는 우주 주재자 하나님이 바로 증산 상제이다. 그리고 증산 상제가 인류를 구원하기 위해 행하신 모든 행위와 그 결과를 천지공사天地公事라고 한다.

현하의 천지대세가 선천은 운을 다하고 후천의 운이 닥쳐오므로 내가 새 하늘을 개벽하고 인물을 개조하여 선경세계를 이루리니 이때는 모름지기 새판이 열리는 시대니라. 이제 천지의 가을 운수를 맞아 생명의 문을 다시 짓고 천지의 기틀을 근원으로 되돌려 만방에 새 기운을 돌리리니 이것이 바로 천지공사니라.(3:11)

위 구절에서 우리는 지금 인류가 처한 상황과 후천개벽의 운, 그리고 새판이 열리는 이때에 생명의 문을 다시 짓고 병든 천지의 틀을 개조하여 새롭게 하는 천지공사에 대해 분명히 알 수 있다. 여기서 우리가 주목할 것은 선천의 상황과 그 선천을 극복하고 열리는 후천의 새 세상이 어떤 모습인가 하는 것이다. 특히 인식론을 검토하는 이 자리에서 선천 인간이 처한 인식의 상태를 살펴보고 후천 만사지의 실체를 가늠하는 것이다.

앞에서 말한 것처럼 선천은 음양이 부조화를 이루어 상극의 이치가 지배하는 세상이다. 따라서 이 선천에는 하늘도 땅도 인간도 병들어 각기 제 역할을 할 수가 없다.

선천은 상극相克의 운運이라 상극의 이치가 인간과 만물

을 맡아 하늘과 땅에 전란戰亂이 그칠 새 없었나니 그리
하여 천하를 원한으로 가득 채우므로 이제 이 상극의 운
을 끝맺으려 하매 큰 화액禍厄이 함께 일어나서 인간 세
상이 멸망당하게 되었느니라.(2:16:1-4)

선천에 인간이 처한 상황은 '상극의 이치'와 이로 인한 상극의
삶이다. 이러한 상극의 이치 속에서 인간의 인식은 만물의 궁극
을 깨닫는 것이 아니라 언제나 물질과 사리에만 정통하여 그 이
상의 가치와 본질을 알 수 없게 된다.

지금은 서구 과학문명의 파괴성과 폐해로 말미암아 도
의 근원이 끊어진 절박한 상황에 놓여 있습니다. 과학문
명은 상극의 이치 속에서 발전을 거듭하여 눈부신 성과
를 거두었습니다. 그러나 이마두 대성사가 동양의 문명
창조 성신을 주도하여 비약적인
발전을 이룬 현대 과학 문명은 '물
질과 사리에만 정통하여' 오히려
인간으로 하여금 교만과 잔악을
길러 모든 죄악을 꺼림 없이 범하
게 하였습니다. 극미의 세계이든
극대의 천체이든 모든 현상자체가
'신의 조화'임을 망각하고 신도를
부정하며, 자연을 정복하고 파괴

증산도 도전

하였습니다.[37]

　선천 상극의 운, 그것은 선천 우주를 살아가는 모든 인간과 신명의 운명이다. 상극은 원한을 낳고, 원한은 병을 만들어 결국 이 우주는 큰 화액으로 멸망할 지경에 이르게 되었다. 원과 한이 가득한 인간 세상에서 인간과 인간은 물론 인간과 신명은 서로 대립하고 갈등하며 서로를 적대시하게 된다. 이러한 우주 만물의 관계를 증산 상제는 닫힌 우주라고 부른다.

　　선천은 삼계가 닫혀 있는 시대니라. 그러므로 각국 지방
　　신地方神들이 서로 교류와 출입이 없고 다만 제 지역만 수
　　호하여 그 판국이 작았으나 이제는 세계 통일 시대를 맞
　　아 신도神道를 개방하여 각국 신명들을 서로 넘나들게 하
　　여 각기 문화를 교류케 하노라.(4:5:1-3)

　선천에서는 삼계가 닫혀있어서 서로 교통과 왕래를 할 수가 없다는 것이다. 이는 인식론에서 중요한 한계를 낳게 된다. 삼계가 닫혀 있다는 것은 하늘과 땅과 인간과 신명이 서로 왕래할 수 없다는 말이다. 그리고 더 좁혀서 보면 인간과 인간, 인간과 신

---

37) 안경전, 『증산도의 진리』, p. 392. 이 인용문과 함께 다음 『도전』 구절 참조. "서양의 문명이기文明利器는 천상 문명을 본받은 것이니라. 하늘의 모든 신성과 부처와 보살이 하소연하므로 그러나 이 문명은 다만 물질과 사리事理에만 정통하였을 뿐이요, 도리어 인류의 교만과 잔포殘暴를 길러 내어 천지를 흔들며 자연을 정복하려는 기세로 모든 죄악을 꺼림 없이 범행하니 신도神道의 권위가 떨어지고 삼계(三界)가 혼란하여 천도와 인사가 도수를 어기는지라."(2:30:8-10)

명, 신명과 신명도 서로 왕래할 수 없다는 것을 의미한다. 단지 서로 왕래할 수 없을 뿐만 아니라 서로의 마음도 닫혀 있어서 서로 교통할 수 없게 된다. 이 말은 새로운 인식의 경계를 지향하는 만사지가 선천에서는 불가능하다는 말과 같다. 왜냐하면 만사지는 모든 것에 열린, 모든 것을 아는 그런 인식일 것이기 때문이다.

이러한 닫힌 선천으로 인식의 한계가 분명해진 것은 상극의 운 때문이기도 하지만 나아가 우주를 주재하시는 상제께서 도통문을 잠궈두었기 때문이기도 하다. 따라서 선천에는 모든 것을 깨달아 만사지의 경지에 이르는 길이 완전히 막혀있는 셈이다.

칠성경七星經의 문곡文曲의 위차를 바꾸어 도통문을 잠그시니라.(5:193:6)

고민환이 도통하고픈 욕망이 간절하여 항상 태모님께 심고하기를 '어머니, 저에게 도통을 좀 주십시오.' 하니... "너희 아버지가 도통문을 닫아서 통通이 없으니, 너는 내 곁을 떠나지 말고 가만히 앉아서 네 공부만 하라. 공부는 마음 닦는 공부보다 더 큰 공부가 없나니 때가 되면 같이 통케 되느니라. 너는 집만 잘 보면 되느니라." 하시니라. (11:164:1-8)

선천에서는 도통문을 잠궈 놓았기 때문에 통이 없다는 말은 아무리 명상과 수행을 한다고 해도 궁극의 깨달음을 얻지 못한다는 뜻이다. 여기서 말하는 궁극의 깨달음은 만사지를 의미한다. 즉 기존의 종교와 성자들의 깨달음은 단지 그 자신의 한계 내에서 이루어지는 좁은 의미의 깨달음이었다.[38] 켄 윌버가 말하는 영성의 눈은 초월적 대상에 대한 인식은 가능하게 하였다고 하더라도 선천의 닫힌 세계에서 이루어진 좁은 깨달음이다. 물론 깨달음에 좁고 넓은 경계 구분이 가능한가라고 반론할 수도 있으나 만사지의 깨달음과 비교할 때 분명 선천의 인식은 한계를 갖는다.

증산도 안경전 종도사는 선천과 후천에 있어서 인식론적 차이를 다음과 같이 설명해주고 있다.

> 태초이래로 인간의 역사라는 것은 무지에서 벗어나기 위해 끊임없이 앎을 추구해 온 과정입니다. 그러나 선천의 앎이란 배움을 통해서 논리로 따져 받아들임으로써 인식의 한계를 지니고 있습니다. 앞세상에는 그 앎의 영역을 넘어 인간의 지혜가 일월과 같이 밝아집니다. 인간의 몸과 마음과 영혼이 일월과 같이 밝아져 배우지 않고도

----

38) "천지의 중앙은 마음이다. 그런데 선천의 닫힌 우주에서는 마음 문이 닫혀서 자기 중심으로 살 수밖에 없다. 여기서 온갖 갈등과 모순, 대립이 싹텄으며 급기야 원과 한을 낳기에 이르렀다. 그러나 흰 가을에는 마음 문이 활짝 열려 인간이 온 우주와 교감하며 만물의 신성과 대화하는 고도의 영성문화, 천지일심 문화가 열린다. 인간이 살아있는 조화성신 자체가 되며 그 의식이 전 우주에 울려 퍼지므로 언제 어디에 있어도 인간과 인간, 인간과 신명이 서로 의사소통을 한다. '시공을 초월한 새로운 영적 커뮤니케이션 대혁명'이 일어나는 것이다. 그것이 이른바 '만사지 문화'이다."(안경전, 『개벽실제상황』, p. 484.)

아는 신천지의 조화 세계가 열리는 것입니다. 그 세계가 바로 천지의 주인이신 증산 상제님께서 열어 주시는 후천 선경 세계입니다.[39]

인간의 역사는 인식의 역사라는 것은 이미 앞에서 말한 바와 같다. 그리고 그 인식이란 것은 주로 논리적 추론을 통한 지식이었다. 그리고 그 인식은 경험적 세계에 한정되어 그 이상의 것에 대해서는 침묵할 수밖에 없는 한계를 가진다. 물론 영적 직관이 존재했으나 부분적이며 제한적인 인식일 뿐이었다.

위 인용문에서 중요한 것은 앞세상에서는 이러한 인식의 한계가 사라진다는 것이다. 특히 몸과 마음과 영혼, 즉 감성과 이성과 영성이 일월과 같이 밝아져 조화의 경계에 까지 이르게 된다는 점이다. 감성도, 이성도, 영성도 모두 그 한계를 넘어 궁극의 경지에 도달하게 된다는 것이다. 인식의 이러한 경지는 후천 선경에서 인간 인식의 새로운 경지를 말하는 것이다. 단지 영성이 열린 깨달음의 경지뿐만 아니라 감성과 이성이 함께 밝아져서 모든 것에 대해 근원적인 인식을 하게 된다는 것이다.

앞세상은 곧 후천이다. "이 시대는 분열의 극기에서 통일로 전환하는 우주의 대전환기입니다. 이제 곧 천지 공간에 가득 차 있는 생명 자체가 분열 운동을 종결짓고 통일운동을 시작하게 됩니다."[40]는 말처럼 후천은 삼계가 독립되어 서로 교통이 없던 달

---

39) 안경전, 『증산도의 진리』, p. 678.
40) 안경전, 『증산도의 진리』, p. 392.

힌 세상에서 벗어나 삼계가 서로 통일되어 인간과 신명이 자유
롭게 넘나드는 시대이다. 이 새로운 세상을 이름하여 선경세계
라고 부른다. 선경세계에서는 인간의 모든 인식의 한계가 사라
지고 선천에서 누리지 못한 궁극의 깨달음, 만사지의 삶을 살게
된다.

앞에서 인용한 내용처럼 증산 상제는 후천의 새로운 인식을
위해 닫힌 우주를 열린 우주로 만들어 신도가 서로 넘나들게 하
고 서로 교통하여 통일시대를 이루게 하셨다. 그 결과 인식의 한
계는 사리지고 열린 우주, 열린 관계에서 새로운 인식의 경계가
활짝 열리게 된다는 것이다. 그리고 선천 우주에서 잠궈 놓았던
도통문을 활짝 열어 누구나 공부를 통해 깨달음의 궁극에 도달
할 수 있도록 하였다.

선천에서 후천으로의 변화가 가져올 인식론적 차이는 증산도
인식론의 결론인 만사지를 해명하면서 밝혀질 것이다.

2) 선지후각

선지후각先知後覺은 증산도에서의 앎에 관한 입장을 가장 잘
보여주는 개념이다.

『도전』에 선지후각은 5편과 6편에 각각 한 번씩 나오는데 그
내용은 동일하다. 인용하면 다음과 같다.

하루는 공사를 보시며 글을 쓰시니 이러하니라.

성 사 의 통 무 극 신
聖師 醫統 无極神

경 주 용 담
慶州龍潭

대 도 덕 봉 천 명 봉 신 교   대 선 생 전 여 율 령
大道德奉天命奉神教 大先生前如律令

심 행 선 지 후 각 원 형 이 정
審行先知後覺元亨利貞

포 교 오 십 년 공 부
布教五十年工夫(5:355:1-5)

이 구절이 정확히 무슨 의미인지는 파악하기 힘들다. 그러나
심 행 선 지 후 각 원 형 이 정
선지후각이 포함된 문장 "審行先知後覺元亨利貞"은 "선지후
각, 원형이정을 깊이 살펴서 행하라"는 뜻으로 이해된다. 그리고
선지후각은 "포교오십년공부" 즉 50년 동안의 포교공부와 관련
이 있음을 알 수 있다.[41] 여기서 필자는 증산도 인식론을 이해하
는 방편으로 선지후각에 한정해서 살펴보고자 한다.

증산 상제는 앎과 깨달음의 관계를 선지후각으로 규정하고 있
다. 그리고 '지'와 '각'은 서로 다르다는 것을 강조하고 있다. 그

---

41) 이는 다음 『도전』 구절을 통해서도 유추할 수 있다.
"대인의 공부는 참는 데 있느니라. 자고로 선지선각先知先覺은 훼방을 많이
받나니 천하사를 하는 데 비방과 조소를 많이 받으라. 남의 비방과 조소를 잘
이기어 받으면 내 세상에 복 탈 것이 크리라."(8:32:2-4)
이 구절에서는 '선지선각'이란 개념이 나온다. 이 구절도 천하사, 즉 증산도 인
류 구원 공부와 연관된 내용이다. 두 인용문에서 선지후각, 선지선각은 서로
같은 맥락에서 사용된 것이다. 그러나 의미는 서로 무관하다. 선지선각은 남
들보다(세상 사람들 보다) 먼저 알고 먼저 깨달은 것을 의미한다. 즉 증산의가
르침을 먼저 알고 그것을 전하는 자는 세상의 조소를 받는다는 의미로 사용되
었다.

렇다면 여기서 '선지'는 무엇을 의미하고 '후각'은 무엇을 의미하는지를 먼저 살펴보아야 할 것이다. 즉 '선지'에서 지식은 어떤 인식이고, '후각'이라고 할 때 깨달음은 어떤 인식을 말하는지가 문제이다.

'선지'에서 '지知'는 분명 지식, 인식, 앎을 의미한다. 일상적인 의미에서 지식은 경험과 사유를 통해서 얻어지는 결과물이다. '선지'에서 '지'는 바로 감각활동과 정신활동의 결과 주어지는 모든 앎을 총칭하는 개념이다. 왜냐하면 '지'는 '각'과 대비된 의미로 사용되고 있기 때문이다.

과학적 측면에서 볼 때 그 지식은 객관적 대상에 대한 사실적이며, 객관적이고, 체계적인 내용을 말한다. 자연과학과 사회학, 경제학, 심리학, 고고학, 역사학 등 다양한 분과 학문이 여기에 속한다. 경험적으로 받아들인 사실들을 이성적으로 체계화한 지식체계가 바로 '지'이다. 따라서 지식은 인생을 살아가는데 필요한 모든 앎을 뜻한다. 이에 대한 설명은 지금까지의 논의로 충분하다.

그 다음으로 '후각'이라고 할 때 '각覺'은 깨달음인데, 이는 앞의 지식과 대비되는 개념으로 학문적 인식이 아닌 초월적 인식을 의미한다. 지금까지 우리는 인식의 다양한 내용에 대해서 살펴보았는데 그 중에서 감각과 사유 이외 명상과 기도를 통해 주어지는 초월적 인식의 가능성을 불교와 기독교의 직관적 인식, 그리고 윌버의 입장에서 검토해 보았다.

인식의 역사에서 깨달음의 경지는 아주 오랫동안 학문 영역 밖에서 논의 되었고 그 실재적 가능성에 대한 수많은 입장들이 있었다. 과학과 이성의 확장에 의해서 축소되긴 했지만 초월적 대상과 그 인식의 가능성은 부정되지 않았다. 지식과 깨달음은 인간의 삶을 풍요롭게 해준 두 가지 요소이다. 증산도적 관점에서는 그 '각'의 의미를 '도통'으로 이해할 수 있다. 이는 앞으로 만사지에 대한 논의에서 자세히 다룰 것이다.

이처럼 지식과 깨달음은 크게 구분하여 볼 때 인간 인식의 두 가지 양태이다. 우리는 학문적 지식이 없다면 삶을 영위할 수 없으며 깨달음이 없다면 삶의 궁극적 의미를 찾을 수 없다. 과학은 단지 사실의 측면에 대한 양적 분석을 문제삼을 뿐 존재의 가치나 아름다움, 도덕에 대해서는 침묵하기 때문이다. 그러나 깨달음은 대상의 양적 분석이 아닌 그 존재 자체의 본질과 현상을 넘어선 실체를 보는 것이다.

인류는 전이성적 과정(미신적, 신화적 과정)을 거쳐 이성의 단계에 도달했고 이제 앞으로 초이성적 단계(명상 수행을 통한 영성적 과정)로의 진입을 눈앞에 두고 있다. 물론 지금도 초이성적 인식이 존재함을 부정할 수는 없지만 보편적 가능성의 시대는 아직 오지 않았다. 이렇게 본다면 지성의 단계 다음은 영성의 단계 혹은 관조의 단계라고 할 수 있을 것이다. 이와 관련해서 우리는 '선지후각'의 개념을 이해할 수 있다.[42] 그리고 이를 간단히 증산도

---

42) "지성에서 영성으로", 이 말은 현대의 지성 이어령 씨가 자신의 저서에 붙인

우주론을 배경으로 말할 때 선천 세상은 전이성적, 이성적 단계를, 후천 세상은 초이성적 단계를 의미하는 것으로 표현할 수도 있을 것이다.

선지후각은 두 가지 관점에서 풀이할 수 있다. 첫째, "지식이 먼저이고 깨달음은 그 다음의 일이다."의 해석이고[43], 둘째 "지식은 이차적이고 깨달음은 궁극적이다."라는 해석이다. 이 양자 모두 지식과 깨달음의 관계를 한마디로 규정한 해석이다. 앞의 해석은 지식과 깨달음의 시간적 선후관계를 설정한 해석이고, 두 번째는 지식과 깨달음의 내용적 차이를 설정한 것이다. 즉 지식과 깨달음은 서로 구분되는데 지식이 현상적 인식이라면 깨달음은 초월적, 궁극적 인식이라는 뜻으로 이해할 수도 있다.

먼저 지식과 깨달음의 시간적 관계에 대해서 살펴보자. 지식이 먼저이고 깨달음이 나중이란 것은 어떤 의미인가? 삶을 살아가는데 있어서 지식은 없어서는 안 될 중요한 앎이다. 그것

제목이기도 하다. 그런데 이 문장의 원래 소자출은 신문기사의 제목에서 나왔다. 당대의 지성인인 이어령 박사가 세례를 받고 기독교에 귀의한 사실을 빗대어 기자는 '이성을 넘어 영성으로'라는 아주 감각적인 제목을 뽑았던 것이다. 학자이자 관료였던 이어령 씨가 영적인 영역, 종교인이 된 것을 간단히 표현한 것이리라. 이어령 씨는 자신의 저서에서 영성이 개발될 수 있도록 기도하는 간절한 마음을 표현한다. 이는 신에 대한 진실을 얻고자 하는 지식인의 애절한 소망이 딸에 대한 사랑과 함께 드러난 상징적 사례라고 생각된다.

43) 지식과 깨달음은 어떤 차이가 있을까? 지식은 윌버의 표현으로 말하면 감성적, 이성적 인식을 말하고 깨달음은 관조적 인식을 말한다. 즉 그 양자 모두 인식이라는 측면에서는 동일하다. 그러나 인식의 종류는 서로 다른데 지식은 과학적 영역에 관한 인식을 말하고 깨달음은 영적 지식, 혹은 초월적 대상에 대한 인식을 말한다.

은 의, 식, 주 모두에 관련된 지식이다. 그리고 우리들의 가치관과 도덕과 철학에 관계된 모든 앎이다. 이 앎이 없이 삶은 불가능하다. 따라서 우리의 삶 속에서 지식이 먼저 있어야 한다는 것은 분명하다. 그러나 우리의 삶이 오직 지식만을 위한 삶은 아니다. 지식을 넘어선 그 무언가를 추구하는 것이 인생이다. 그리고 추구해야 할 그 무엇은 바로 지식으로는 만족할 수 없는 그 어떤 앎이다. 이를 '각'이라고 한다. 비록 지식을 먼저 습득하고 지식으로 삶을 시작했지만 궁극적 목적은 지식에 있는 것이 아니라 깨달음에 있다는 것이다.

중요한 것은 지식이든 각이든 모두 공부 없이는 불가능하다는 점이다. 학문적 인식의 확장은 분명히 학문적 방법을 통한 훈련이 필요한 것이고 그 결과 좀 더 고차원적인 인식으로 나아간다. 깨달음도 마찬가지다. 공부하지 않고 얻어지는 깨달음은 존재하지 않는다. 명상이든, 수행이든, 기도든 수많은 시간의 공부가 함께 해서 깨달음의 문고리를 잡을 수 있는 것이다.

> 예로부터 생이지지生而知之(태어나면서 모든 것을 아는 것)를 말하나 이는 그릇된 말이라 천지의 조화로도 풍우를 지으려면 무한한 공부를 들이나니 공부 않고 아는 법은 없느니라. 정북창 같은 재주로도 입산 3일에 시지천하사始知天下事라 (2:34:2)[44]

----
44) 일명 용호대사로 불리는 북창 정염鄭磏(1506-1549)은 조선 중종, 명종 때 학자로 충청도 온양사람이다. 어린 시절 산사山寺에서 선가仙家의 육통법을 시험해

여기서 생이지지란 태어나면서 아는 것이라고 해석되지만 이는 결국 나기 전부터 안다는 뜻이다. 이를 좀 더 넓게 풀면 공부하지 않고도 아는 것을 뜻한다. 그러나 이것은 불가능하다. 결국 앎이란 삶을 통해서 공부가 이루어질 때 주어지는 것이다. 여기서 앎은 경험적 지식과 초월적 지식 모두를 의미한다고 할 수 있다. 그 양자 모두 공부 없이는 얻어질 수 없는 것이다.

위 구절에서 공부는 선천의 과학적 이성적 공부와 함께 윌버가 말하는 명상, 수행, 기도 등의 영적 공부 모두를 말한다. 삶에서 이 두 가지 공부는 모두 없어서는 안 될 중요한 수단이다. 학문이나 깨달음은 공부를 통해서 가능함을 강조한 말이다. 정북창은 뛰어난 재주를 가진 학자이자 수행자인데, 그 또한 3일 동안의 수행 공부를 통해서 앎에 도달했다는 것이 이를 반증한다.[45] 생이지지가 없다는 말은 공부의 중요성을 강조한 것이고 그 공부는 곧 선지후각의 의미와 비교해서 설명할 수 있다.

선지후각의 두 번째 해석은 지식은 현상적 앎이고 깨달음이 곧 궁극적인 앎이란 뜻이다. 즉 지식은 감각을 통한 경험과 경험의 조합으로 이루어진 인식이다. 지식은 우리 주위에 존재하는

보려고 3일 동안 정관靜觀하더니 이로부터 배우지 않고 저절로 통하여 천리 밖의 일도 알게 되었다고 한다.

45) 인간은 누구나 지식을 소유하고 있다. 지식이 없으면 삶을 살아갈 수 없다는 것은 분명하다. 그렇다면 그 지식은 어떻게 얻어지는가? 물론 인생의 시작과 함께 얻어지는데, 그 인생이란 것이 바로 경험과 사유작용의 연속이다. 인생이란 곧 삶인데 삶은 곧 앎인 셈이다. 증산 상제는 앎의 방식에 대해 '공부'라고 표현한 것이다.

대상들의 수적 양적 관계를 나타내는 것이다. 이러한 지식은 삶을 풍요롭게 하는 지식이긴 하지만 삶의 본질을 해결해주는 인식은 아니다. 단지 사물들에 대한 현상적이면서 부차적인 인식이 바로 지식이다. 이것은 삶의 수단이다.

그러나 깨달음은 지식이 보고 있는 그 너머의 보이지 않는 것을 보는 것이며, 그 보이지 않는 모든 것에 대한 인식이다. 깨달음은 사물의 모습이나 양적 수적 관계, 그리고 그 실용성을 따지는 것이 아니다. 깨달음을 통해서 사물 그 자체의 본래적 모습과 본질을 파악하고, 그 사물이 갖는 고유의 가치를 인식하는 것이다. 그리하여 사물과 나의 구분과 차이를 극복하고 물아일여物我一如의 경지에 들어가는 것이다. 이것이 깨달음의 궁극 목적이란 말이다. 이것은 지식과 깨달음의 차이를 구분하면 이해할 수 있는 해석이다.

사실 지식과 깨달음은 별개의 것이라는 말은 정당하다. 그러나 지식과 깨달음이 무관하다는 의미는 아니다. 실제로 문제는 그 깨달음을 어떻게 이해하는가가 문제이다. 예를 들어 모든 인식은 직관에서 주어지는데 그 직관은 문득 보는 것, 직접적으로 아는 것을 의미한다. 이치적 깨달음은 이성적 인식의 궁극에서 주어지는 직관이다. 그러나 초월적 깨달음, 관조적 깨달음은 그러한 모든 깨달음을 넘어서는 초월적 깨달음으로 결코 이성적 사유를 통해서 가능한 것은 아니다. 오직 그 자체의 방법으로 그 자체의 영역에 대한 순전한 직관, 그것이 바로 '각'이며 도통이다. 이러한 도통은 개별적 인식이나 이성적 인식, 그리고 이성적 직관과는 철저히 구분되는, 말 그대로 초월적 깨달음이다.

지식은 감각과 사유를 통해 알게 되는 모든 것이다. 그러한 지식은 삶을 살아가는데 없어서는 안 될 중요한 정보를 주고 또 물질적 풍요를 주는 것이다. 그리고 이성은 철학과 문학과 예술을 통해 인생을 풍요롭게 해주는 지적 장치를 생산한다. 그러나 이 양자는 인간의 궁극적 실체나 우주의 본성, 신의 존재에 대해서는 알려주지 않는다. 감각과 사유는 삶의 수단이 되는 지식을 줄 뿐이다. 그러나 그 앎은 궁극의 앎이 아니므로 여러 부작용을 낳을 수도 있다.

> 이 문명은 다만 물질과 사리事理에만 정통하였을 뿐이요, 도리어 인류의 교만과 잔포殘暴를 길러 내어 천지를 흔들며 자연을 정복하려는 기세로 모든 죄악을 꺼림 없이 범행하니(2:30:9)
>
> 똑똑한 것이 병통이니 식자우환이라. 아는 것도 병이 되느니라.(6:11:9)

위의 『도전』 구절처럼 인간의 삶에서 앎은 긍정적인 면과 함께 수많은 부작용을 생산했다. 핵에너지는 화석연료의 대체에너지로 각광받는다. 그러나 핵은 언제든지 전쟁을 통해서 지구의 환경을 파괴할 수 있는 가장 큰 위협의 수단이다. 굳이 전쟁이 아니더라도 원자력발전소가 불의의 사고로 파괴될 때 그 재앙은 엄청난 결과를 가져온다.

　과학과 기술이 유용성만 따지고 자연과 생명의 개념을 제대로 다루지 못하였다는 것은 분명하다. 지구온난화의 원인은 분명 과학발전과 무관하지 않다. 과학이 자연을 파괴하였다면, 철학과 문학과 예술은 인간의 정신을 풍요롭게 하기도 하지만 한편 인간을 억압하는 이데올로기를 생산하여 오히려 인간의 삶을 억압하기도 한다. 지식이 깨달음으로 제어되지 않을 때 그 부작용은 이루 말할 수 없을 것이다.

　과학적 지식과 철학적 사유는 삶을 위해 많은 도움을 주었지만 현대 우리의 삶을 되돌아보면 알듯이 결국 부작용을 낳게 되었다. 그래서 필요한 것이 바로 깨달음이다. 그 깨달음이란 과학과 철학이 주지 못한 삶의 궁극적 이치, 혹은 우주의 궁극적 목적에 대한 인식이고 이를 통해 우리는 지금 처한 여러 가지 부조리와 모순을 해결하고 진정한 앎을 통해 우주와 조화된 삶을 살 수 있다.

> 천하대세를 아는 자에게는 천하의 살 기운이 붙어있고
> 천하대세에 어두운 자(모르는 자)에게는 천하의 죽을 기운
> 밖에 없느니라.(2:137:3)⁴⁶⁾

　천하대세를 아는 것은 과학적 철학적 지식만으로 가능한 것이 아니다. 물론 세상이 돌아가는 물질적 정치적 이치를 아는 것도

---

46) 知天下之勢者는 有天下之生氣하고 暗天下之勢者는 有天下之死氣니라.(2:137:3)

중요하다. 그러나 천하대세에 대한 이론적 인식만으로는 충분하지 않다. '지천하지세'는 우주와 인간, 천지신성에 대한 깨달음이 함께 할 때 이루어지는 앎이다. 결국 천하대세에 어두운 편향된 과학과 철학은 죽음의 기운을 벗어날 수 없고, 천하대세를 아는 깨달음이 함께하는 궁극의 인식은 영원한 삶을 얻을 수 있다는 것이다.

이쯤에서 우리는 선지후각의 본래 의미는 궁극적 깨달음의 성취임을 알 수 있다. 선지후각에 대한 두 가지 해석에서 동일한 관점은 그 핵심이 바로 깨달음에 있다는 것이다. 즉 앎이 목적이 아니라 깨달음이 목적이라는 말이다. 그 깨달음의 최고 경지를 증산도에서는 만사지萬事知라고 한다.

3) 시천주 주문과 만사지

'만사지萬事知'란 문자적으로는 '만 가지 일을 안다'는 뜻이다. 좀 더 쉽게 말한다면 '모든 것을 안다'는 뜻이다. 그렇다면 만사지의 경지는 절대자의 속성으로서의 '전지全知'를 의미하는 것일까? 신학적으로 '전지'는 곧 '전능全能'을 의미하며, 전능은 전지를 의미한다. 그리고 전지전능(omniscience and omnipotence)은 오직 유일한 절대자인 하나님을 설명하는 표상이다. 전지해야만 우주의 모든 것을 알 수 있으며, 전능해야만 알고 있는 그대로 완벽한 우주를 창조할 수 있을 것이다. 창조와 관련되지 않는다면 전지와 전능은 신에게 불필요한 능력이다.

만사지는 '모든 것을 안다'는 뜻이지만 이는 신학적 의미의 '전지'가 아니라 인간이 지향해야할 인식의 최고경지를 의미한다. 그리고 그러한 만사지를 바탕으로 한 새로운 인간, 새로운 가능성을 가진 인간상을 의미한다. 즉 만사지는 신의 능력으로서 절대지를 상징하는 용어가 아니라 후천선경을 건설하고 선경에서 살아가는 새로운 인간상과 관련된 개념이다. 인식론적 의미를 갖고 있으면서 나아가 새로운 인간상의 의미, 그리고 궁극으로는 새로운 실천적 역량을 뜻하는 개념이다. 그러나 새로운 인간상이나 실천적 의미를 이해하기 위한 가장 기본적인 의미로서 만사지는 증산도 인식론에서 앎의 최고 경지를 상징하는 말로 사용된다.

만사지라는 개념은 시천주 주문侍天主 呪文에서 나타난다. 증산도에서 시천주 주문은 태을주太乙呪와 함께 주문수행의 중요한 축을 이룬다. 시천주 주문의 기원은 수운 최제우에게서 찾을 수 있다.

수운과 시천주 주문의 관계를 설명하기 위해서는 그의 삶을 살펴볼 필요가 있다. 수운은 19세에 결혼을 하고, 2년간 무예를 수련하면서 세월을 보낸다. 그러다가 21세에 장삿길에 나서게 되는데 그 이유는 가난한 집안의 가장으로서 생활비를 마련하기 위해서이고, 또 다른 이유로는 세상 돌아가는 실정을 살펴보기 위함도 있었을 것이다.

평생에 하는 근심 효박淆薄한 이 세상에 군불군신불신君不君臣不臣과 부불부자부자父不父子不子를 주소간晝宵間 탄식하니 울울한 그 회포는 흉중에 가득하되 아는 사람 전혀 없어 처자산업 다버리고 팔도강산 다 밟아서 인심풍속 살펴보니 무가내無可奈라 할길 없네(『용담유사』「몽중노소문답가」)

이 시기는 조선 말기로 타락한 관리들에 의해 백성들이 수탈당하고 있던 때였다. 수운의 눈에 비친 세상은 그야말로 고통과 한탄으로 가득 차 있었다. 조선 팔도 뿐만 아니라 중국은 영국과 아편전쟁으로 무너지고 있었다. 제국주의가 아시아를 식민화하고 있던 때였다. 수운이 본 세상은 그야말로 기존의 세계관과 가치관이 완전히 무너지고 조선의 앞날이 풍전등화와 같은 시기였다. 그 조선의 백성들은 굶기를 밥 먹듯이 하고 관리들의 수탈에 시름하며 지옥 같은 삶을 이어가고 있었다. 10년간 돌아본 세상은 한마디로 병들고 죽어가는 세상이었다. 그러나 병

侍天主造化定 永世不忘 萬事知 至氣今至 願爲大降

든 세상을 고칠 수 있는 해답은 어디에서도 찾을 수 없었다.

> 우습다 세상사람 불고천명不顧天命 아닐런가 괴이한 동
> 국참서東國讖書 추켜들고 하는 말이...혹은 만첩산중萬疊山
> 中 들어가고 혹은 서학에 입도해서 각자위심各自爲心 하는
> 말이 내옳고 네그르지 시비분분是非紛紛 하는 말이 일일
> 시시日日時時 그뿐이네... 아서라 이세상은 요순지치라도
> 부족시오 공맹지덕이라도 부족언이라.(「몽중노소문답가」)

수운은 결국 1854년, 31세 되던 해에 이르러 자신이 그 해답
을 직접 얻어내기로 결심한다. 그리고 용담정에서 구도와 사색
의 길을 걷기 시작하였다. 반년이 지났으나 어떠한 실마리도 잡
아낼 수가 없었다. 반대로 마을사람들로부터 이상한 눈초리를
받게 되었다. 부친 근암공의 명성
에 먹칠을 한다는 비난에 결국 용
담을 떠나 부인의 고향인 울산으로
이사하게 된다.

최수운

울산 여시바위골에서 공부하던
중 수운에게 신비한 일이 발생한
다. 일명 '을묘천서사건'47)이 일어

----

47) 1853년 3월 수운은 꿈결에 금강산 유점사에서 온 승려에게서 책을 한권 받게
되는데, 그 승려는 그 책의 내용을 알길 없어 박식한 사람을 수소문 하던 중 수운
의 이름을 듣게 되어 찾아왔다는 것이다. 수운이 3일간 그 책을 읽어보니 그 내용
을 알 수 있었다. 승려는 이에 그 책을 수운에게 바치고 그대로 사라져 버렸다. 수

난다. 이 사건을 계기로 수운은 그동안의 수행방법을 바꿔서 하느님께 새로운 가르침을 구하는 기도를 시작하게 된다.[48]

그 후 1856년, 수운은 양산의 천성산 내원암에서 입산기도를 하기도 하였으나 숙부가 별세하는 바람에 47일 만에 하산하게 된다. 그 다음해에 다시 천성산의 자연 동굴인 적멸굴에서 49일 간의 기도를 시작하였고, 이번에는 기도 기간을 다 채웠다. 그러나 입산기도와 수행에도 여전히 세상의 부조리를 해결할 길을 찾기는 요원했다.

울산에서의 삶은 평탄하지 못했다. 철물점을 경영하다가 실패하였고 빚만 지게 되었다. 수운은 1859년 10월, 결국 다시 경주 용담정으로 돌아오게 된다.(『동경대전』「포덕문」) 용담으로 돌아온 수운은 새로운 마음가짐으로 기도에 전념하게 된다. 이름도 제선濟宣에서 제우濟愚로 바꾸고 호號도 수운水雲으로 고치게 된다.

그 이듬해인 1860년 입춘날에는 시를 지어 기도의 일념을 맹세한다. "도기장존사불입道氣長存邪不入 세간중인부동귀世間衆人不同歸", 즉 "도의 기운을 길이 보존하면 사특한 기운이 침입하지 못한다. 도를 얻을 때까지 세상 사람들과 함께 어울리지 않으리라"는 뜻이다. 정성으로 기도에 몰입한 수운에게 드디어 하느님의 음성이 들려왔다. 일명 경신년 '천상문답사건'이다.

운이 그 책의 이치를 깊이 살펴보니 기도에 관련된 가르침이 들어있었다.
48) 표영삼, 『수운의 삶과 생각 동학1』, 서울: 통나무, 2004, p. 71.

뜻밖에도 사월에 마음이 선뜩해지고 몸이 떨려서 무슨 병인지 집중할 수도 없고 말로 형상하기도 어려울 즈음에 어떤 신선의 말씀이 있어 문득 귀에 들리므로 놀라 캐어물은 즉 대답하시기를 "두려워하지 말고 두려워하지 말라. 세상 사람이 나를 상제라 이르거늘 너는 어찌 상제를 알지 못하느냐...너를 세상에 내어 사람에게 이 법을 가르치게 하니 의심하지 말라...나의 영부를 받아 사람을 질병에서 건지고 나의 주문을 받아 사람을 가르쳐서 나를 위하게 하면 너도 또한 창생하여 덕을 천하에 펴리라"(『동경대전』 「포덕문」)

이렇게 해서 수운은 하느님을 향한 혈성어린 기도를 드린 결과 상제님의 음성을 듣게 되고 이 때 주문을 내려 받게 된다.『동경대전』「논학문」에서는 수운이 주문을 지었다고 하고 있으나 그 근원은 상제의 가르침에 있었다.

"내마음이 곧 네마음이니라. 사람이 어찌 이를 알리오...너는 무궁무궁한 도에 이르렀으니 닦고 단련하여 그 글을 지어 사람을 가르치고 그 법을 바르게 하여 덕을 펴면 ..." 내 또한 거의 한 해를 닦고 헤아려 본즉, 또한 자연한 이치가 없지 아니하므로 한편으로 주문을 짓고 한편으로 강령의 법을 짓고 한편은 잊지 않는 글을 지으니, 절차와 도법이 오직 이십일 자로 될 따름이니라.(『동경대전』「논학문」)

위의 구절을 볼 때 상제는 수운에게 성령으로 임臨하는 그 당시 이미 수운에게 무궁한 도를 내려주었고 그 속에는 주문도 포함되어 있었다. 수운은 상제로부터 주문을 받고 이를 거의 한 해 동안 닦고 헤아려 본 후 명문화하였다. 즉 상제가 내려준 주문을 받고 절치부심切齒腐心으로 고민하고 살펴본 결과 주문을 글로 형상화 할 수 있었다. 그리고 그 주문은 21자로 구성되어 있는데 그 전문은 아래와 같다.

지 기 금 지 원 위 대 강
至氣今至願爲大降

시 천 주 조 화 정 영 세 불 망 만 사 지
侍天主造化定永世不忘萬事知 (『동경대전』「주문」및「논학문」)

앞의 주문이 강령 주문이고 뒤가 본 주문이다. 수운이 「논학문」에서 21자라고 말한 것은 강령 주문과 본 주문을 합쳐서 모두 21자임을 가리킨다. 수운은 이 주문의 뜻을 묻는 사람들에게 "지극히 천주님을 위하는 글이므로 주문이라 이르는 것"[49]이라고 대답한다. 천주는 곧 상제를 뜻하므로[50] 시천주 주문은 바로 상제를 위하는 글이라고 할 수 있다. 수운이 주문을 받는 이러한 상황은『증산도 도전』을 통해서 좀 더 명확히 알 수 있다.

동학 주문에 '시천주 조화정侍天主造化定'이라 하였나니 천

---

49) "至爲天主之字故以呪言之"(『동경대전』「논학문」)

50) 수운은 자신의 저서에서 절대신에 대한 호칭으로 천주와 상제, 그리고 ᄒᆞᄂᆞᆯ 님을 사용한다. ᄒᆞᄂᆞᆯ님에 대한 한자표기가 천주天主이며, 상제는 수운이 경신년 4월 천상문답사건에서 직접 상제로부터 들은 호칭을 표현한 것이다. 따라서 천주는 곧 ᄒᆞᄂᆞᆯ님이며 상제를 뜻한다.

지간의 모든 신명들이 인류와 신명계의 겁액을 나에게 탄원하므로 내가 천조天朝의 대신大臣들에게 '하늘의 정사政事를 섭리하라.'고 맡기고 서양 천개탑에 내려와 천하를 둘러보며 만방의 억조창생의 편안함과 근심 걱정을 살피다가 너의 동토東土에 인연이 있는 고로 이 동방에 와서 30년 동안 금산사 미륵전에 머무르면서 최제우에게 천명天命과 신교神敎를 내려 주었더니 (2:94:2-11)

이는 『동경대전』에서 수운이 스스로 고백하고 있는 천상문답 사건과 동일한 설명으로 해석된다. 이렇게 볼 때 시천주 주문은 상제에 의해서 수운에게 내려진 주문이며, 그 내용은 천주, 즉 상제를 지극히 모시는 글이라고 할 수 있다. 수운은 이 주문의 성격에 대해 아래와 같이 한 마디로 정리하고 있다.

열세자 지극하면 만권시서 무엇하며 심학心學이라 하였으니 불망기의不忘其意 하였어라. 현인군자 될 것이니 도성입덕道成立德 못미칠까(『용담유사』「교훈가」)

열세 자는 시천주 주문의 본주문의 글자 수이다. 즉 여기서 수운은 시천주 주문의 본주문 열세 자를 지극이 외우면 아무리 많은 책을 읽은 것보다 더 많은 지식을 얻을 수 있고, 나아가 마음 닦는 공부로서 현인군자, 도성입덕의 경지에 이를 수 있다고 확언한다. 만권의 책은 비유적인 의미로써 이 주문수행을 통해 인식의 최고경지에 도달할 수 있다는 의미이다. 일명 만사지에 이를 수 있다는 것이다. 그리고 그 주문의 뜻을 잊지 않으면 현인 군자가 될 수 있고 도를 이루고 덕을 세울 수 있다고 하였다. 시 천주 주문에서 이러한 수운의 말이 해당하는 구절이 바로 '만사 지'이다.

수운은 시천주 주문 전체에 대해서 풀이를 하고 있는데 그 중 에서 만사지에 대한 해석은 다음과 같다.[51]

萬事知 : 萬事 - 數之多也.
知 - 知其道, 而受其知也.(「논학문」)

수운이 말하는 만사지의 경지를 잘 설명하고 있는 이 구절의 뜻은 '모든 것에 대해서 그 도를 깨달아서 그 지혜를 받는 것'이 다. 여기서 보듯이 '만사지'에서 중요한 것은 바로 '지知', 즉 '앎' 이다. 수운은 이러한 앎이 무엇을 뜻하는지, 그리고 그 앎의 경 지가 무엇인지를 그 다음 구절에서 자세히 설명하고 있다.

수운은 만사지를 정의하고 나서 그 다음 구절 "고명명기덕故明 明其德, 념념불망念念不忘, 지화지기至化至氣, 지어지성至於至聖"(「논

---

51) 수운이 논학문에서 시천주 주문을 해석한 전문은 다음과 같다.
侍天主 : 侍 - 內有神靈, 外有氣化, 一世之人, 各知不移者也.
 主 - 稱其尊, 而與父母同事者也.(「논학문」)
造化定 : 造化 - 無爲而化也.
 定 - 合其德, 定其心也.
永世不忘 : 永世 - 人之平生
 不忘 - 存想之意也.
 萬事知 : 萬事 - 數之多也.
 知 - 知其道, 而受其知也.(「논학문」)

학문」)에서 앞의 구절을 더 자세히 설명하고 있다. 풀이하면 "그러므로 그 덕을 밝게 밝혀 늘 생각하며 잊지 아니하면 지기에 화하여 지극한 성인에 이른다."이다. 여기서 핵심은 '지화지기 지어지성'이란 구절인데, 곧 지기에 화하여 지극한 성인의 경지에 이른다는 뜻이며[52], 이는 곧 만사지에 이른다는 것을 의미한다. 그리고 이 만사지의 경지는 앞에서 말한 현인군자, 도성입덕과 같은 경지를 일컫는다.

---

52) 여기서 지기至氣는 지극한 기운이란 의미로 우주만물에 깃든 원원한 기운을 뜻하며 동시에 기도와 모심의 대상인 상제가 내려주는 조화기운을 의미한다.

8 깨달음의 완성, 만사지

만사지는 깨달음의 최고경지이다. 그러나 만사지는 단지 깨달음의 경지에 머무는 것이 아니다. 만사지는 우리 인간이 깨달음을 통해서 새로운 인간으로 태어나는 것과 그 새로운 인간은 새로운 세계를 건설하는 주체로 우뚝 서는 것, 이 두 가지 의미를 동시에 가지고 있다. 그래서 필자는 만사지를 '깨달음의 완성'이라고 정의하는 것이다. 이 장에서는 깨달음의 완성으로서 만사지의 경지가 무엇인지, 그리고 만사지 인간의 역할이 무엇인지에 대해 논의하고자 한다.

1) 만사지의 기원

『증산도 도전』에서 시천주 주문의 중요성을 강조하는 구절은 곳곳에서 발견된다. 왜냐하면 그 주문은 바로 상제님이 수운에게 내려준 것이며, 그 뜻은 천주, 즉 상제를 지극히 모시는 글이기 때문이다.

> "너희 아버지가 신도 여러 명이 있는 가운데 내 귀에 입을 대시고 '자네는 시천주주侍天主呪를 읽으소.' 하셨느니라." 하시니라. 이어 태모님께서 친히 시천주주를 읽으시며 "시천주주가 근본이니 이제부터는 시천주주를 읽어

라." 하시니 (11:83:3-4)

일찍이 경학이 석 달 동안 시천주주侍天主呪 수련을 하던 중 꿈에 천상에 올라가 옥황상제玉皇上帝를 뵈온 일이 있었는데 하루는 상제님께서 이르시어 "네 평생에 제일 좋은 꿈을 꾼 것을 기억하느냐?" 하고 물으시거늘 경학이 일찍이 상제님을 뵙던 꿈을 아뢰며 "선생님의 형모가 곧 그때 뵌 상제님의 형모이신 것을 깨달았습니다." 하고 아뢰니 증산 상제님께서 여러 성도들에게 말씀하시기를 "내가 바로 옥황상제니라." 하시니라. (3:174:4-7)

위 인용문에서 볼 때 시천주주와 상제의 상관관계를 잘 알 수 있다. 시천주 주문 수련을 하던 중 상제를 뵈었다는 것, 그리고 그 상제가 바로 증산 상제임을 밝히고 있다. 그리고 증산 상제의 도통맥을 이은 고수부에게 시천주 주문을 읽으라고 하신 부분에서 상제와 시천주 주문의 밀접한 관계가 드러난다. 이렇게 시천주주와 상제와의 관련성은 곧 만사지의 기원이 어디에 있는가를 보여주는 대목이다. 즉 시천주 주문의 기원이 상제에게 있다면 그 주문에 포함된 만사지의 기원도 상제에게서 찾을 수 있을 것이다.[53] 이는 다음의 시천주 주문해석에서 확인할 수 있다.『증

---

53) 시천주 주문에서는 우리가 기도하는 대상에 대해 '천주'라고 호칭하고 있다. 하지만 위의 인용문에서 우리는 시천주의 천주가 바로 상제라고 말하고 있음을 볼 수 있다. 천주는 수운의 글에 의하면 '하늘님'에 대한 한자적 해석이다. 즉 수운은 하늘님을 천주라고 부르고 있다. 그런데 하늘에 혈심기도를 하던 중에 수운에게 주문을 내려준 주체는 수운 스스로 밝히고 있듯이 바로 '상제'이다.(『동

산도 도전』에서 시천주 주문은 다음과 같이 해석된다.

運운이 至氣지기今금至지願원爲위大대降강이니 無무男남女녀老노少소兒아童동而이歌가之지라
是시故고로 永영世세不불忘망萬만事사知지니
侍시天천主주 造조化화定정 永영世세不불忘망萬만事사知지니라

이제 천지의 대운이 성숙의 가을 천지 기운 크게 내려 주
시기를 간절히 원하고 비는 때이니 남녀노소 어린아이
할 것 없이 모두 이를 노래하느니라. 그러므로 (너희가) 만
사에 도통하는 큰 은혜 영원히 잊지 못할지니 '인간 세상
에 오신 천주를 모시고 무궁한 새 세계의 조화를 정하나
니 천지만사를 도통하는 큰 은혜 영세토록 잊지 못하옵
니다.(4:141:3)

이 구절에서 '영세불망만사지'에 대한 해석은 '만사에 도통하
는 큰 은혜를 영원히 잊지 못한다'이다. 이 해석은 두 가지를 알
려 준다. 만사지에서 '지'는 곧 '도통'이라는 것과 도통이 상제
의 은혜로 이루어진 것이라는 점이다. 즉 만사지는 시천주 주문
을 외우는 인간에게 내려진 상제님의 은혜로운 보답이라는 것이
다. 다시 말해서 만사지의 주체는 주문을 외우는 나이지만 나에

경대전』 참조) 이렇게 볼 때 수운에게 있어서 천주는 곧 상제임을 알 수 있다. 천
주와 상제의 동일성에 대해서는 양우석의 저서『천주는 상제다』(대전: 상생출판,
2012)를 참조하기 바란다.

게 내려지는 만사지는 상제의 은혜라는 것을 의미하며, 이는 만사지가 상제와 나의 이심전심以心傳心에 의한 상호소통의 결과임을 알 수 있다. 우리는 그 근거를 수운이 상제에게서 도통을 받는 그 순간의 기록에서 찾을 수 있다.

> 몸이 몹시 떨리면서 밖으로 접령하는 기운이 있고 안으로 강화의 가르침이 있고, 안으로 강화의 가르침이 있으되, 보였는데 보이지 아니하고 들렸는데 들리지 아니하므로 마음이 오히려 이상해져서 수심정기하고 묻기를 "어찌하여 이렇습니까" 대답하시기를 "내 마음이 곧 네 마음이니라...너는 무궁무궁한 도에 이르렀으니..."(『동경대전』「논학문」)54)

이 구절이 묘사하는 주요 내용은 하느님을 향한 기도의 도중에 수운이 상제님에게서 도를 받는 모습을 스스로 고백하고 있다는 점이다. 강화의 가르침이 있었는데 보이지도 들리지도 않아 이상하게 생각하여 하느님께 물은 즉 그 답은 바로 "오심즉여심"이다, 내 마음이 네 마음이므로 보고 듣고 할 것 없이 바로 도에 이르렀다는 뜻이다. 즉 상제와 수운은 이심전심의 방법으로 도를 주고받은 것이다. 수운에게 내린 그 무궁무궁한 도는 곧 무극대도이다.『증산도 도전』에서는 이러한 도통이 내려진 순

---

54) 身多戰寒 外有降靈之氣 內有降話之敎 視之不見 聽之不聞 心尙怪訝 修心正氣而問曰 何爲若然也 曰吾心卽汝心也...及汝無窮無窮之道

간을 결코 잊지 말라는 뜻으로 "영세불망만사지"를 해석한 것이다.

그렇다면 만사지는 어떻게 해야 얻을 수 있는가? 이 물음은 결국 우리는 어떻게 해야 '도통'의 경지에 이를 수 있는가 하는 물음과 같다. 이에 대한 답은 시천주 주문의 앞 구절을 어떻게 해석하는가에 달려있다.

시 천 주 조 화 정 영 세 불 망 만 사 지
侍天主造化定永世不忘萬事知

인간 세상에 오신 천주를 모시고 무궁한 새 세계의 조화를 정하나니 천지만사를 도통하는 큰 은혜 영세토록 잊지 못하옵니다.(4:141:3)

시천주 주문 전체에 대한 해석이다. 여기서 만사지에 이르는 과정은 시천주 조화정에 대한 해석 '천주를 모시고 무궁한 새 세계의 조화를 정하니'에 의해 그 근원을 유추할 수 있다. 이렇게 시천주 주문의 전문을 해석하면 "인간으로 오신 상제를 지극 정성으로 모시고, 상제의 마음과 하나가 되어 새 세계의 무궁한 조화를 정하였으니, 도통하는 큰 은혜를 영원히 잊지 못한다."로 해석된다. 이 해석만으로 볼 때 조화정과 만사지는 필연적 관계에 있다.

그렇다면 조화정의 해석, 조화를 정한다는 것은 어떤 의미인가? 먼저 조화를 정하는 주체는 시천주하는 '나'이다. 상제를 지극히 모시는 나는 상제와의 이심전심의 소통으로 조화를 정하는 주체가 된다. 그러나 내가 조화를 정하는 주체라고 해서 나 혼자 조화를 정할 수는 없다. 시천주하는 나에게 상제의 조화가 내려지지 않는다면 어찌 내가 조화를 정할 수 있겠는가? 그렇게 본다면 조화정은 상제의 조화가 내게 내려온 것과 그러한 조화의 경계에서 조화를 정하는 것, 그 양자의 의미로 해석될 만 하다.[55]

그리고 그 조화는 '무궁한 새 세계의 조화'이다. 그 무궁한 새 세계는 곧 후천 선세계이다. 후천선경 건설이 곧 조화정이라고 받아들일 수 있는 구절이다. 따라서 조화정은 일심으로 시천주하는 나에게 상제의 조화가 내려와 후천선경의 조화운수를 정한다는 뜻으로 이해된다. 조화정은 바로 상제의 조화세계로 나아가는 것이며, 조화세계를 건설하는 것이다. 여기서 우리는 조화정을 두 가지로 풀이하여 조화를 정하는 것이면서, 나아가 그 조화의 경계에 이르는 것으로도 이해할 수 있을 것이다. 조화를 정함으로써 조화의 세계로 나아갈 수 있고, 역으로 조화가 내려짐으로써 조화를 정할 수 있는, 그 안팎이 합치하는 해석으로 조화정의 본의를 이해할 수 있을 것이다.

시천주조화정은 인간으로 오신 천주님을 모시고 조화를

----

55) "수행의 궁극 목적은 삼신 상제님의 마음 자리로 돌아가 그와 일체가 되는 것이다."(문계석,『생명과 문화의 뿌리 삼신』, 대전, 상생출판, 2011, p. 88. 참조.) 시천주 주문 수행, 시천주 신앙 역시 수행공부이며 이로써 우리는 상제님과 하나가 될 수 있다는 것이다.

정한다는 뜻입니다. 천지일월의 열매인 인간이 상제님을 모심으로써 후천 선 문명의 조화를 정합니다. 선천 상극 세상의 모든 벽을 무너뜨리고 상제님의 조화 세계로 나아가게 되는 것입니다.'이제 인존 천주님을 모심으로써 나의 삶이 새롭게 시작되었습니다. 그리고 모든 것을 깨닫는 만사지 도통을 내려 주신 상제님의 거룩한 은혜를 영세토록 잊지 않고 찬양합니다.'[56]

조화를 정함은 상제님의 조화세계로 나아가는 것이며, 조화세계로 나아가는 것은 조화의 경계에 이르지 않고는 가능하지 않다 그래서 위 인용문에서는 시천주 조화정을 통해서 새로운 삶이 시작된다고 하는 것이다.

『도전』의 시천주 본주문 해석에서 중요한 것은 조화와 만사지의 상관관계이다. 시천주 조화정으로 만사지에 이르렀다는 것과 그 만사지를 내려주신 상제의 은혜를 영원토록 잊지 않는다는 해석에서 볼 때, 조화정과 만사지는 필연적 관계에 있다고 보여진다. 즉 조화를 정한다는 것은 조화의 경계에 이르렀다는 것을 의미하고, 조화의 경계는 곧 도통의 경지를 말한다. 그런데 그 조화의 경계는 천주를 지극히 모시는 가운데 나에게 내려지는 것이다. 따라서 만사지는 결국 시천주를 통해서 상제를 모시고, 상제와 하나가 될 때 도달하게 되는 최상의 깨달음을 일컫는

---

56) 안경전, 『증산도의 진리』, p. 678-9.

다. 이렇게 본다면 만사지의 기원은 시천주와 조화정에서 찾을 수 있고, 이는 달리 말해 만사지는 상제가 인간에게 내려주는 최상의 도통과 깨달음의 경지라고 할 수 있다.

> 시천주주侍天主呪는 천명을 받는 무극대도無極大道의 본원주本源呪이니 상제님을 지극히 공경하고 내 부모와 같이 모시라는 주문이라.(11:179:5)

이 구절은 위에서 말한 만사지의 기원에 대해 어느 정도 그 해답을 알려준다. 시천주 자체는 상제님을 공경하고 부모와 같이 모시는 것을 뜻하며, 이 시천주를 통해서 상제의 천명을 받고 무극대도에 이를 수 있다는 말이다. 일심어린 시천주와 상제님이 내려주시는 도통의 가르침으로 우리는 후천 새 인간의 길, 만사지에 들어갈 수 있게 된다.

> 가을 개벽기의 도통은 상제님께서 성신을 통해 내려주시는 감화통感化通입니다. 도통을 받아 인존이 되는 것은 상제님이 그토록 강조하신 일심一心 공부에 달려 있습니다...우리는 오직 천지와 하나 되려는 지극한 정성, 천지일심에 의해서 인존으로 열매를 맺습니다.[57]

만사지와 도통은 후천이 되어서 이루어지는 인식의 최고 경계이다. 그리고 그 만사지는 시천주를 통한 지극정성, 천지일심에

서만이 주어지는 감화통이다. 다음 절에서 만사지의 경계와 일심의 문제를 다룰 것이다.

2) 만사지에서 지의 문제(만사지와 도통)

만사지와 도통, 그 궁극의 관계와 경지는 다음의 인용문에서 명확한 해답을 구할 수 있다.

> 만사지는 문자적으로 '모든 것을 아는 지식'이라는 뜻이다. 천지일월과 하나 되는 지혜, 천지의 주인이신 상제님의 앎의 세계와 하나되는 것이 만사지다. 만사지를 쉽게 말하면 바로 도통道通이다. [58]

만사지, 모든 것을 안다는 경지, 곧 이는 도통의 경지이다. 그러나 그 도통은 선천의 지엽적이고 부분적인 도통이 아니라 천지일월과 같이 지혜가 밝아지는 궁극의 도통이다. 특히 그 도통 경계는 상제의 앎의 세계와 하나 되는 경지에까지 확장된다고 한다. 이 말은 바로 '조화정'의 경계에서 상제와 인간이 만나는 지점이 곧 만사지의 경지임을 나타내는 것으로 이해된다. 우리는 그 자세한 의미를 만사지가 언급되는 시천주 주문을 통해서 분석할 수 있을 것이다.

『증산도 도전』에서 시천주 주문의 중요성을 강조하는 부분은

---

58) 안경전, 『이것이 개벽이다』하, p. 298.

다양하게 발견되지만 아래의 측주는 그 모든 것을 종합한 것이다.

> 시천주주는 최수운 대신사가 상제님의 성령을 친견하고 받은 주문이다. 앞의 '시천주조화정영세불망만사지'는 본주本呪이고 뒤의 '지기금지원위대강'은 강령주문降靈呪文이다. 이 본주와 강령주문에 동서고금의 모든 진리 주제가 다 들어 있다. 천주 사상, 조화 사상, 지기 사상, 만사지 사상을 제대로 이해할 때 후천 선경 세계에 대한 대도의 안목을 가질 수 있다.(2:148 측주)

위의 설명에서 볼 때 시천주 주문에는 증산도의 핵심 사상이 모두 포함되어 있다. '시천주'에서 천주사상, 즉 상제사상이 들어있고, '조화정'에는 조화사상이, 그리고 강령주문에서는 지기至氣사상이 들어 있고 '만사지'에서는 앎과 깨달음의 문제가 내포되어 있다. 이러한 핵심 사상들은 서로 분리되어 생각될 수 없는데 특히 만사지는 천주사상, 조화사상, 지기사상과 함께 고찰되어야 한다. 앞에서 말한바와 같이 만사지는 인간으로 오신 상제의 은혜와 나의 끊임없는 기도가 서로 이심전심의 경계로 이루어진 인식이다. 그 만사지는 도통문을 열어주는 상제의 감화통으로 내려지는 것이지만 일차적으로 그 만사지를 나의 도통경계로 성립시키는 것은 성경신을 다한 모심과 일심어린 정성과 기도로 인한 것이다.

공부를 잘해야 하느니라. 모든 것은 너희들 자신이 닦은 바에 따라서 되느니라.(8:34:1-2)

만사지는 이러한 노력의 결과 도달하는 경지이다. 나의 공부와 상제의 감화가 궁극의 경지에서 소통할 때 '조화정'으로 만사지에 이를 수 있다. '공부를 잘해야 한다'는 것은 다양한 의미를 포함한다. 세속적 공부, 수행공부, 도통공부 등 인간이 태어나서 인간의 모습으로 살아가기 위한 모든 공부들이 포함되면서, 나를 새로운 나로 만드는 상제의 가르침과 시천주의 기도가 모두 만사지에 이르는 공부이다. 이는 앞에서 말한 '공부하지 않고 아는 법은 없다'는 『도전』 구절과도 일맥상통한다.

그렇다면 공부를 통해 도달하는 만사지란 과연 어떤 경지를 말하는 것일까? 즉 만사지와 도통, 이를 인식론적으로 말하면 어떤 경지이며, 그 경지를 어떻게 설명할 수 있을까? 이 물음은 만사지의 기원과 함께 만사지를 다룸에 있어서 가장 본질적인 물음이다.

근대 인식론의 본질은 과학적 세계관을 가지고 앎의 문제를 다루었다는 것이다. 그래서 인식은 곧 학문적 지식을 가리킨다. 그러나 그 한계는 분명한데 특히 감성과 이성에 의한 인식은 물 그 자체에 대해서는 인식할 수 없는, 말 그대로 주관주의의 극치에 도달했다. 이는 근대 인식론을 종합한 칸트철학의 결론이다. 그렇다면 감성과 이성을 통한 과학적 지식이 우리에게 주어진 모든 것이라고 주장할 수 있는가? 윌버는 결코 그렇지 않다고 말한다. 칸트 역시 과학적 한계 밖에 물자체가 존재함을 주장했다. 단지 우리는 그것에 대해 말할 수 없다는 것이다. 그 이유는 결코 감성과 이성에 의해서는 물자체에 접근할 수 없었기 때문이다. 그런데 만사지는 말할 수 없는 것조차 알 수 있는 경지이다. 그래서 '만사'지가 아닌가! 앞에서 증산도 선후천론과 인식의 문제에서 다룬 것처럼, 기존의 인식론의 한계는 닫힌 우주인 선천의 환경에서 비롯된 것이며, 그 한계를 초월하는 인식의 경계를 만사지라고 할 수 있다.

우리는 앞에서 켄 윌버의 사상을 통해 인간 인식능력의 세 가지 경우와 그 대상에 대해서 알아보았다. 윌버는 감각과 이성과 영성의 영역을 분명히 구분하고 그러한 각각의 영역이 서로를 침범할 때 범주오류에 빠진다고 하였다. 그러나 만사지는 이와는 좀 다른 면이 있다. 일단 만사지는 모든 것을 아는 경지이다. 그 모든 것에는 감성, 이성, 영성이 모두 포함된다. 그렇지 않다면 만사지라고 불리어지지 않을 것이다. 그러나 분명한 것은 만사지, 혹은 도통은 감각적 지식이나 이성적 지식을 넘어선 특별한 인식의 경계를 표현하는 말이라는 점이다.

조화선경은 첨단 과학기술만으로는 결코 이루어질 수 없다. 상제님이 내신 오늘의 21세기 첨단 기술문명이 당신님의 이상향인 도술문명과 하나로 통합, 성숙되는 경

지를 갈 때 비로소 열리는 것이다.[59]

여기서 조화선경은 후천선경이며 선경에서의 문명은 만사지 문명이다. 기술문명과 도술문명의 통일, 이것이 바로 만사지 문명이다. 물질문명에 한정된 과학이나 켄 윌버식의 영성개발의 단계를 넘어서는, 그것을 포함하면서 초월하는 경지가 만사지이다.

만사지에서 '만사'는 수적 분량을 넘어선 '모든 것'의 의미가 들어있다. 만사지는 모든 것을 안다는 뜻이고, 이 속에는 문자 그대로의 의미인 '무불통지無不通知'의 경계가 내포되어 있다. 선천 세계에서 기존의 인식론이 갖는 한계가 감성과 이성에 의한 인식이었다면, 만사지는 감성과 이성과 영성의 영역 모두를 포함한 인식이다. 특히 만사지의 '모든 것'에는 수의 많음의 차원을 넘어선 '궁극적 깨달음'으로 얻는 최상의 인식이란 뜻이 함께 들어있다.

만사지 해석에서 중요한 점은 감성과 이성적 방법으로 알 수 있는 것은 물론이고, 그것으로 알 수 없는 그 모든 것에 대한 궁극적 인식의 가능성이다. 그래서 '만사'지인 것이다. '만사'와 '지'는 각각 인식의 양과 질을 나타내는 것이면서 '궁극의 대상'과 '궁극의 인식'이라는 의미로 이해된다.

수운의 '만사지'의 '지'에 대한 설명에서 지의 의미를 알 때 우

---

59) 안경전,『개벽 실제상황』, p. 482.

리는 만사가 무엇인지에 대해서도 판단할 수 있다.

萬事知 : 萬事 - 數之多也.

知 - 知其道, 而受其知也.

故明明其德, 念念不忘, 至化至氣, 至於至聖(「논학문」)

수운은 '만사'에 대해서 그저 수가 많은 것이라고 해석하고 있다. 그러나 수의 많음은 그저 헤아릴 수 있는 인식의 양을 뜻하지는 않을 것이다. 만사를 수가 많음으로 풀이한 것은 '모든 것' 혹은 '최상의'에 대한 일상적 설명일 뿐이다. 상식적으로도 다만 그 수의 많음으로 깨달음에 도달했다고 할 수는 없는 것이다. 따라서 만사에는 인식의 많고 적음의 문제만 들어있는 것은 아니다. 그리고 수의 많고 적음으로 궁극적 인식을 지시하는 것은 충분치 않다는 것도 당연하다. 따라서 만사의 의미는 만사'지'의 해석에 의해서 그 뜻이 명확히 분석될 수 있다.

수운은 시천주 주문의 만사지에 대한 해석에서 '지知'를 '지기도知其道, 이수기지而受其知'로 해석하는데 이를 통해서 만사와 지의 의미를 분명히 알 수 있다.[60] 수운은 그 '지知' 즉 앎을 설명하기를 '지기도知其道'라고 했고, 또 이를 설명하기를 '지화지기至化至氣, 지어지성至於至聖'이라고 하였다. 그렇다면 '지기도'로 설명하는 만사지의 지는 무엇인가? 지기도는 '그 도를 안다'는 뜻이

----

60) 이하 만사지 해석은 유철의 논문 「동학의 시천주 주문」(강영한 외 공저, 『잃어버린 상제문화를 찾아서, 동학』, 대전: 상생출판,2010)을 바탕으로 한 것임.

다. 그러나 안다는 것은 결국 '깨닫는다'는 뜻이다. 물론 그 도는 '인도', '지도', '천도'를 모두 포함하는 궁극의 도인 '무극대도'이다. 그러므로 이 때 앎이란 단순히 현상적 개별적 지식에 그치는 것이 아니라 궁극의 '도(其道)를 깨닫는 것'이며 그럼으로써 '지혜를 받는 것(受其知)'이다. 지혜를 받는 것은 곧 '깨달음을 얻는 것'으로도 해석된다. 즉 수운이 말한바 앎이란 천도, 지도, 인도를 포함한 인식의 궁극의 경지에 도달하는 것이다. 즉 '도를 깨달음'이다.

이렇게 볼 때 '만사지'에서 '만사'는 바로 깨달음의 대상으로서의 모든 것이며, 지는 모든 존재하는 것에 대한 궁극의 인식을 말한다. 만사에 대한 궁극의 깨달음은 모든 인식 중에서 가장 고차원적인 인식이므로 이를 통해 현상 세계의 가치나 원리에 대한 통찰력을 얻을 수 있음은 분명하다. 따라서 만사에는 인식의 수적 분량이 들어있는 것이 아니라 인식의 단계나 경지가 포함되어 있다.

수운이 말하는바 시천주 주문에서 만사지는 곧 도에 대한 깨달음이다. 그리고 이는 상제의 가르침으로서 '천도'를 깨닫는 것이며, 이는 바로 무극대도에 대한 깨달음이다. 무극대도란 문자적으로 볼 때 '그 어디에도 매임이 없는 궁극의 대도'를 뜻한다. 그러나 그 본의는 '무극상제이신 증산상제가 전하신 대도진리'라고 할 수 있다. 수운은 「동경대전」에서 여러 차례 상제로부터 도와 법을 받았음을 고백하고 있으며, 그 도는 바로 '무극대도'

임을 밝히고 있다.

> 내 또한 공이 없으므로 너를 세상에 내어 사람에게 이 법을 가르치게 하니 의심하지 말고 의심하지 말라.(「포덕문」)
>
> 너는 무궁무궁한 도에 이르렀으니 닦고 단련하여 글을 지어 사람을 가르치고 그 법을 바르게 하여 덕을 펴면...(「논학문」)
>
> 그 운수를 타고 그 도를 받은 시절은 경신년 사월이러라.(「수덕문」)
>
> 만고없는 무극대도 여몽여각 득도로다....어화세상 사람들아 무극지운 닥친 줄을 너희 어찌 알까보냐...무극대도 닦아내니 오만년지 운수로다.(「용담가」)
>
> 만고없는 무극대도 이 세상에 창건하니 이도 역시 시운이라.(「권학가」)

증산도 안경전 종도사는 무극대도와 관련하여 "가을 개벽기에 인간이 만나야 할 참 진리는 바로 '천지의 원주인'이신 증산상제님의 무극대도입니다. 무극대도는 가을 새우주를 여는 대도입니다. 무극이라는 말이 암시하듯이, 이 도의 정신은 조화와 통일입니다...그러므로 상제님의 무극대도야말로 개벽기에 인류가 만나야 할 참진리, 궁극의 진리인 것입니다."[61]라고 하였다.

---

61) 안경전, 『천지성공』, 서울: 대원출판, 2010, p. 320.

이러한 무극대도에 대한 깨달음으로서의 '앎의 경지'는 '만사지'를 설명하는 그 다음의 구절에서 더 정확히 추정할 수 있다. 바로 '지화지기', 즉 '지극히 지기에 화한다'의 경지이다. 여기서 '지기에 화한다'는 뜻은 '상제의 지극한 기운으로 조화의 경지에 다다른다'는 말로 설명할 수 있다. 즉 '만사지'로써 인간은 이제 새로운 인간의 경지, 조화의 경지에 도달한다.[62]

만사지에서 지의 경지는 『증산도 도전』에서 고찰할 때 좀 더 명확한 결론에 도달할 수 있다. 앞에서 본바와 같이 『증산도 도전』에서 '만사지'는 '무궁한 조화의 경계에 이른 도통의 경지'를 말한다. 즉 이 때 만사지는 조화의 경지, 곧 도통의 경지를 말한다. 이는 조화에 대한 다음과 같은 설명에서 분명히 드러난다.

증산 상제님의 도의 정체, 도통 세계는 한마디로 조화造化사상이다. 이는 선불유仙佛儒, 선천 어느 종교에도 없는 것이다. 조화란 '변화를 짓는다, 변화를 일으킨다, 변화

---

62) 이러한 경지의 새로운 인간에 대해 수운은 '성인'이라고 부른다. 그렇다면 만사지의 궁극적 목적은 상제님을 믿는 모든 백성들이 시천주를 통해서 성인군자가 될 수 있다는 것에서 찾을 수 있을 것이다.
  * 그러므로 사람은 군자가 되고 학은 도덕을 이루었으니 도는 천도요 덕은 천덕이라. 그 도를 밝히고 그 덕을 닦음으로 군자가 되어지극한 성인에 까지 이르렀으니...(「포덕문」)
  * 입도한 세상사람 그 날부터 군자되어 무위이화 될 것이니 지상신선 네아니냐.(「교훈가」)
수운은 이렇게 '만사지'의 경지를 풀어서, '만사지'를 통해 우리 모두 '성인'이 될 수 있음을 강조하고 있다. 결국 만사지란 성인의 경지에 이를 수 있는 참된 지혜의 경지를 말하는 것임을 알 수 있다.

를 창조한다.'는 뜻이다. 상제님 도의 언어로는 '시천주
조화정'의 조화이다. 증산도가 지향하는 세계가 바로 조
화선경이다.(2:19:1 측주)

조화는 감성과 이성적 인식의 결과를 모두 포함하고 명상과
수행, 그리고 기도의 결과로 도달하는 궁극적 인식, 이 유형무형
의 인식이 함께 할 때 나타나는 것이다. 시천주 주문에서처럼 상
제를 지극히 모시고, 상제를 향해 지극한 기도를 드릴 때 인간은
상제와의 이심전심으로 조화의 경지에 도달하게 된다. 그리고
그 조화의 경계는 바로 도를 깨친 경지, 즉 도통의 경지와 같은
말이다.

"조화의 경계에 이른 도통의 경지"는 증산도 만사지를 이해
하는 중요한 단서가 된다. 도통은 말 그대로 '도에 통한 것'이다.
그리고 그 도는 무극대도로써 천지만물에 대한 궁극적 깨달음
이다. 참된 깨달음은 우주와 천지를 나와 구분하는 것이 아니라
그것과 하나가 되는 것이다. 즉 주관과 객관의 이분법이 아니라
주관-객관의 통일이다. 천지만물의 본성을 깨달아 궁극의 이치
를 통하는 것이며, 이러한 경지를 일컬어 조화의 경계에 이르렀
다고 하는 것이다. 그리고 그러한 조화는 신과의 소통, 상제와의
이심전심에서만 나올 수 있다.

이러한 깨달음의 단계는 다음과 같이 세 가지 단계로 정리할
수 있을 것이다.

1. 먼저 감성과 이성에 밝아 사물의 이치를 관통한 후, 마음을 닦아 심통에 이른다.
2. 그다음 천지와 하나 된 일심一心의 경지에 이른다. 일심의 경지는 도통의 경지이다. 이미 사물과 내가 하나가 된 조화의 경지이다.
3. 이통과 심통과 도통이 함께 하는 만사지에 다다른다. 만사지는 과학과 철학과 종교를 통합하는 최고의 인식, 깨달음의 완성이다.[63]

중요한 것은 증산도 만사지는 윌버가 말하는 단순한 영적 깨달음에 한정되는 것이 아니라 감성과 이성의 영역을 모두 포함하면서 심통과 신통까지도 확장되는 궁극의 대도통을 말하고 있다는 점이다. 그리고 그러한 경지는 천지와 하나 된 마음의 경계, 즉 일심이 아니면 불가능하다. 즉 만사지의 경계는 일심에서만 가능하다. 일심은 마음의 궁극적이고 근원적인 상태로 천지와 하나 된 경지를 뜻한다. 이를 증산도에서는 '천지일심'[64]이라고 한다. 그래서 일심은 인간의 깨달음이 이루어지는 궁극의 경계이며, 조화가 이루어지는 절대적 경계이다.

너희들은 오직 일심을 가지라. 일심으로 정성을 다하면 오만 년의 운수를 받으리라.(2:91)

----

63) 증산도에는 인식의 단계를 뜻하는 육통법이 있다. 육통이란 이통, 기통, 심통, 신통, 의통, 도통이다.(안경전,『증산도 기본교리2』, 서울: 대원출판, 2007, p. 129)
64) 『증산도 도전』 8:91:6.

너희들은 삼가 타락치 말고 오직 일심으로 믿어나가라. 일심이면 천하를 도모하느니라.(5:414)

모든 일에 일심하면 이루지 못할 바가 없나니 천지만물과 천지만사가 일심이 없으면 불성이니라.(8:58)

천지만물天地萬物이 시어일심始於天地하고 종어일심終於一心하나라 천지만물이 일심에서 비롯하고 일심에서 마치느니라. 오직 일심을 가지라 일심이 없으면 우주도 없느니라. 일심으로 믿는 자라야 새 생명을 얻으리라. 너희들은 오직 일심을 가지라. 일심으로 정성을 다하면 오만 년의 운수를 받으리라.(2:91:2-6)

일심의 경지에서 천지만물이 시작되고 완성됨을 말하는 것은 곧 일심의 경지에서 모든 것이 조화를 이루는 상태, 즉 도의 궁극적 상태에 이를 수 있다는 것을 말한다. 곧 일심과 만사지의 도통은 서로 밀접한 관련이 있음을 강조한 구절이다. 일심으로 정성을 다할 때 오만 년 운수를 받는다는 것에서 우리는 일심과 만사지와의 상관성을 다시 한 번 확인할 수 있다.

일심의 상태에서 만사지의 경지에 이를 수 있다고 할 때, 만사지는 모든 것의 가장 근원적 원리에 통하여 천도와 인도와 지도, 그리고 신도가 합일된 최상의 인식에 도달한 것이다. 그래서 수운은 시천주 주문을 통해 만사지에 이를 수 있으며, 이는 만권의 서책을 읽는 것보다 더 높은, 더 깊은 인식, 인간이 도달할 수 있는 최상의 인식상태에 도달한다고 말하는 것이다.

우리는 후천 조화선경에서 이루어지는 만사지의 경계가 왜 선천의 인식경계와 다른지에 대해서 윌버의 다음의 말을 통해서 가늠할 수 있다.

> 힌두교, 불교, 기독교, 회교 등의 위대한 현자들은 모두 어느 정도까지는 관조의 눈, 즉 제 3의 눈을 뜬 분들이었다. 그러나 그것은 그들이 자동적으로 첫 번째 눈과 두 번째 눈의 영역에서 전문가가 되었다는 것을 의미하는 것은 전혀 아니다. 예컨대 영적 깨달음은 물이 수소원자 두 개와 산소원자 하나로 구성되어 있다는 정보를 주지 않는다. 만약 그랬다면 그런 사실이 최소한 종교 경전에 나타났을 테지만 그런 말은 어느 경전에도 없다.[65]

윌버의 이러한 주장은 선천의 인식경계에서는 타당한 생각이다. 그리고 선천의 어느 경전에도 깨달음으로 만사지에 이르렀다는 주장은 없다. 지금까지 수운의 만사지 해석이나 증산도에서 만사지와 일심의 관계에서 살펴본 바와 같이 만사지는 결코 그러한 어느 한 면에 한정된 것으로 이해될 수는 없다. 그러하기에 만사지는 더욱 더 우리에게 반드시 도달해야할 궁극의 경지로 이해된다. 세상의 이치와 무한히 발전하는 과학의 영역, 그리고 눈에 보이지 않는 신의 세계에 이르기까지 이 모든 영역에 대

---

65) K. Wilber, 『아이 투 아이』, p. 71.

한 분명한 접근 통로로서 만사지를 인정할 때 우리에게 존재하는 세계는 새로운 세상의 가능성을 열어보일 수 있는 것이다. 바로 후천선경이다.

3) 후천선경과 만사지 문화

후천선경後天仙境은 말 그대로 '후천에 이루어지는 선의 세계'를 말한다. 증산도 개벽관에서 말하는 이상적인 세계가 바로 후천선경이다. 후천이란 지금까지 우리가 살았던 세상인 선천의 시간대를 마치고 도래하는 미래의 시간대이다. 증산도에서는 그 후천의 모습을 '선경'이라고 규정한다. 즉 앞으로 도래할 새로운 세계는 '선仙'의 세계라는 것이다.

> 후천 선경세계는 가가도장家家道場이요, 인신합덕人神合德으로 인인人人이 성신聖神되어 만백성이 성숙하고 불로장생하는 무궁한 조화낙원이라.(7:1:2)
>
> 내가 삼계대권을 주재하여 조화로써 천지를 개벽하고 불로장생不老長生의 선경仙境을 건설하려 하노라.(2:16:2)

앞의 『도전』 구절처럼 '선'의 특징은 장수문명과 조화문명에서 찾을 수 있다. 이 중에서 만사지 문화와 관련되는 것은 조화문명이다. 시천주 주문의 설명에서도 말한 바와 같이 만사지는 바로 상제와의 이심전심의 방법으로 이루어지는 '조화정'이 될 때 가능하다. 이렇게 후천선경을 조화의 세계로 본다면 만사지와 후천선경은 필연적으로 연관될 수밖에 없다. 그래서 증산도에서는 후천선경을 조화선경이라고도 부르는 것이다.

후천선경과 만사지, 그 관계는 시천주 주문 뿐만 아니라 오주(진액주)에서도 잘 나타난다. 알다시피 『증산도 도전』에 '만사지'는 시천주 주문에 나오고 또 오주인 천지진액주의 다른 한 구절에도 나온다. 물론 천지진액주 안에는 시천주 주문도 함께 들어 있다.

천 지 진 액 주
天地津液呪

신 천 지 가 가 장 세 　 일 월 일 월 만 사 지
新天地家家長世 日月日月萬事知

시 천 주 조 화 정 　 영 세 불 망 만 사 지
侍天主造化定 永世不忘萬事知

복 록 성 경 신 　 수 명 성 경 신 　 지 기 금 지 원 위 대 강
福祿誠敬信 壽命誠敬信 至氣今至願爲大降

명 덕 관 음 　 팔 음 팔 양 　 지 기 금 지 원 위 대 강
明德 觀音 八陰八陽 至氣今至願爲大降

삼 계 해 마 대 제 신 위 　 원 진 천 존 관 성 제 군
三界解魔大帝神位 願趁天尊關聖帝君(3:221:6)

『증산도 도전』 3:221:1의 측주에는 진액주에 대해 "우주의 주재자이신 상제님 신권의 진액津液이 그대로 상징화된 주문이다. 진액주에는 하늘과 땅의 개벽 섭리, 천지 안에 사는 모든 인간의 녹과 명의 문제가 고스란히 담겨 있으며, 하늘과 땅이 생명력을 회복하고 인간이 우주와 하나되어 영생하는 후천선경의 도비道秘가 내재되어 있다."라고 해석하였다. 여기서 '하늘과 땅의 개

벽섭리', '인간이 우주와 하나되어' 등의 설명은 진액주의 첫구절과 연관된다.

진액주의 첫구절은 "신천지가가장세 일월일월만사지"인데 여기에 후천선경과 만사지의 관계가 잘 들어있다. 이 구절은 후천선경인 신천지의 모든 인간들은 영성이 일월과 같이 밝아져 모든 것에 도통하는 경지에 이르른다는 뜻으로 이해될 수 있을 것이다. 시천주 주문 속에 만사지의 기원과 만사지에 이르는 과정이 들어있다면, 이 구절에는 만사지의 경계와 만사지로 이룬 후천선경, 즉 신천지의 모습이 잘 드러나 있다.

『증산도 도전』에서는 만사지 문화와 후천선경의 관련성에 대해서 다음과 같이 말하고 있다.

天地津液呪
천 지 진 액 주

新天地 家家長世 日月日月 萬事知
신 천 지 가 가 장 세 일 월 일 월 만 사 지

侍天主 造化定 永世不忘 萬事知
시 천 주 조 화 정 영 세 불 망 만 사 지

福祿誠敬信 壽命誠敬信 至氣今至願爲大降
복 록 성 경 신 수 명 성 경 신 지 기 금 지 원 위 대 강

明德 觀音 八陰八陽 至氣今至願爲大降
명 덕 관 음 팔 음 팔 양 지 기 금 지 원 위 대 강

三界解魔大帝神位 願趁天尊關聖帝君
삼 계 해 마 대 제 신 위 원 진 천 존 관 성 제 군

후천선경은 만사지 문화 속에서 상제님 일꾼이 천지의
도정을 주관하는 인존의 새역사니라.(7:1:7)

후천선경은 어떻게 가능한가라는 물음에 대한 답으로 적절한
이 구절에서 증산도 이상세계인 후천선경은 인간이 만들어가는
새로운 세상이라는 것과 그 새로운 세상은 만사지 문화 속에서
가능하다는 것을 알려주고 있다. 이 구절에 대한 측주에서 만사
지 문화는 다음과 같이 정의된다.

인류 문화의 열매가 바로 만사지 문화다. 선천 문화는
타인의 지식과 문명의 이기에 의존해야 알 수 있는 문화
였다. 그러나 후천에는 사람과 신명이 합일되어 개개인
이 과거, 현재, 미래를 모두 알고, 천하 사람과 마음까지
터놓아 상생과 보은이 원천적으로 가능해지는 상제님의
만사지 문화가 열린다.[66]

후천선경은 가장 이상적인 세계이기 때문에 선천과는 다른 다
양한 모습을 생각할 수 있다. 그 중의 하나가 만사지 문화이다.
그래서 후천의 성숙한 열매문화의 상징으로 만사지 문화를 언

----

66) 『증산도 도전』 p. 870. 양우석은 만사지 문화에 대해 "인간이 무병장수를 누
리고, 뜻대로 풍운조화를 부리며, 기계를 빌리지 않아도 가만히 앉아서 모든 것을
알고, 서로의 마음을 다 들여다 보아 거짓과 죄악이 없는 세상, 인간과 신명은 물
론 대자연과 인간, 인간과 인간의 벽이 허물어져서 영적인 대화를 통해 서로를 이
해하고 함께 조화를 이루며 잘 사는 세상"이라고 정리한다.(양우석, 『천국문명을
건설하는 마테오리치』, 대전: 상생출판, 2008, p. 115.)

급한 것이다. 특히 위에서 말하는바 만사지 문화는 '신인합일'이 되어서 인간이 과거, 현재, 미래를 모두 알 수 있는 인식의 경지를 의미한다.

> 내 세상은 조화의 세계요, 신명과 인간이 하나 되는 세계니라.(11:111:1-2)
>
> 이 세상은 신명조화가 아니고서는 고쳐 낼 도리가 없느니라. 옛적에는 판이 작고 일이 간단하여 한 가지 신통한 재주만 있으면 능히 난국을 바로잡을 수 있었거니와 이제는 판이 워낙 크고 복잡한 시대를 당하여 신통변화와 천지조화가 아니고서는 능히 난국을 바로잡지 못하느니라. 이제 병든 하늘과 땅을 바로 잡으려면 모든 법을 합하여 써야 하느니라.(2:21:2-5))

신과의 합일을 통해 우리는 만사지의 새로운 경지에 이를 수 있고, 그 경지에서는 현재의 일과 과거 미래의 일을 통시적으로 알 수 있다는 말이다. 후천의 특징은 신과 인간이 하나가 되어 역사를 창조한다는 점이다. 이렇게 신인이 합일할 수 있는 것은 후천선경은 삼계가 열려 서로 소통할 수 있는 상생의 세상이기 때문이다. 신성이 열려 신과 하나 되는 인간, 신인합일로 후천 조화세계를 만들어가는 인간을 태일太一이라고 부른다.

이제 우주의 가을철을 맞아 인간 내면의 조화성신이 온

전히 발현되면, 인간은 태일太一의 존재가 되어 온 우주
와 교감하며 신인합일의 후천 가을 문화를 열어가게 된
다.[67]

후천 가을 우주의 새로운 인간, 궁극의 깨달음으로 신천지 신
문명을 열어가는 후천 인존시대의 주인공을 다른 말로 태일太一
이라고 부른다. 태일 인간은 하늘과 땅과 하나 되어 인간의 본성
이 가장 밝게 열린 인간으로서 새 시대 새 인간의 표상이다. 태일
의 존재가 만사지의 인간과 다르지 않다는 것은 다음의 인용문
에서 확인할 수 있다.

우리 민족은 일찍이 영적 체험을 통해 하늘, 땅, 인간의
삼재의 구조 속에서 창조주를 인식하여 천일, 지일, 태일
의 삼신 하나님으로 모셔왔다. 이 가운데 가을 개벽기를
맞이하여 가장 중요한 것은 태일의 역할과 사명이다...천
지부모의 이상과 궁극의 목적을 완수하는 우주의 주인
공, 즉 인간의 위격이 바로 태일인 것이다....태일은 천지
의 뜻을 이루는 가장 지극한 존재다. 따라서 선천 개벽
이후 모든 인간에게 유일한 삶의 궁극 목적은 가을철에
온전한 태일로 성숙하여 천지의 꿈과 이상인 가을의 추
수 문화, 대통일 문화를 건설하는 것이다.[68]

----
67) 안경전,『증산도의 진리』, p. 359.
68) 안경전,『개벽 실제상황』, p. 452.

천지가 합덕해서 낳은 인간 속에 삼신 하나님의 신성, 그 거룩한 대조화가 그대로 들어와 내주해 있다. 그리하여 인간은 우주 안에 있는 모든 것을 볼 수 있고 들을 수 있고 깨달을 수 있으므로 천지 질서를 다스려 삼신 하나님의 창조의 이상을 실현할 수 있다. 인간을 천지보다 더 존귀하게 여겨 '인일人一'이라 하지 않고 '태일太一'이라고 정의하는 이유가 여기에 있다.[69]

이러한 태일에 대한 정의는 만사지 인간의 모습을 새롭게 유추할 수 있게 해 준다. 즉 태일 인간의 사명으로 만사지가 어떤 인식의 경계인가를 알 수 있고, 또 만사지로 인해 인간이 도달하는 새로운 경지가 어떠한 것인가를 잘 나타내주고 있다. 즉 후천 선경의 만사지 문화는 결코 감성적이며 학문적인 인식으로 이루어지는 것이 아니라 마음의 근본을 찾아 신과 소통하고 하나 되는 경지에서 가능한 새로운 조화의 세계의 특징을 의미한다. 그리고 과거, 현재, 미래를 모두 알 수 있다는 것은 과거에 대한 유추나 미래에 대한 예측이 아닌 현재 속에서 우주만물에 대한 밝은 깨달음으로 과거와 미래가 내 속에서 통일됨을 뜻한다.

이는 결국 만사지를 통해서 인간은 후천의 새로운 인간으로 태어난다는 것을 의미한다. 즉 후천선경에서 인간은 만사지의 인간이며, 만사지 인간은 신과 합일된 경지에서 후천선경을 새

---

69) 안경전,『개벽 실제상황』, p. 452 측주.

롭게 건설하는 주역이다.

> 재생신 재생신이요, 조화조화 만사지라. 지심대도술이
> 니 깊은 마음의 문을 열어 하나같이 새사람이 될지니
> 라. 천갱생 지갱생은 다 끝났으니 이제는 인갱생이 크니
> 라.(11:205:1-4)

이 구절은 만사지의 본질적 의미에 대해 많은 것을 깨닫게 해
준다. 신천지 가을 개벽으로 하늘도 땅도 새롭게 거듭나게 되었
다. 즉 후천선경을 위한 우주론적인, 문명적인 개벽은 천지공사
를 통해 이미 완벽하게 도수화 되었다. 그러나 문제는 새로운 인
간이다. 그리고 위 성구는 천갱생, 지갱생보다 더 크고 소중한
것이 바로 인갱생임을 강조한다. 그런데 그 새로운 인간을 만드
는 인갱생은 만사지로 가능해진다고 한다. 그리고 그 만사지는
바로 천지조화이며 신인조화이며 일심조화로서 이루어진다.

그 만사지의 경지에 이른 후천 새 인간의 심법을 다른 말로 '지
심'이라고 하고, 그 지심의 경계에서 만들어가는 후천 영성문화
의 총체적인 모습을 '지심대도술知心大道術'이라 표현하고 있다.
지심대도술이란 개념에서 후천 새로운 인간의 마음이 무엇인지,
후천 새문명의 모습이 어떠한지를 잘 알 수 있다. 이는 특히 선
천 문명의 한계를 잘 지적하고 있는 '금수대도술'과 대비하여 이
해될 수 있다.

선천에서 지금까지는 금수대도술禽獸大道術이요 지금부터
후천은 지심대도술知心大道術이니라. 피차 마음을 알아야
인화人和 극락 아닐쏘냐. 마음 닦는 공부이니 심통心通 공
부 어서 하라.(11:250:8-10)

금수대도술과 지심대도술은 서로 대비되는 마음의 상태, 문명
의 모습을 나타낸다. 이를 인식의 방법과 한계로 풀어보면, 금수
대도술로 만든 세상은 감각과 본능으로 새로운 지식을 쌓아 눈
부신 과학문명을 건설한 선천의 물질문명 세계를 뜻한다. 반면
지심대도술이 지향하는 세상은 금수대도술의 세계와는 달리, 영
성과 신성이 회복되어 밝은 마음으로 서로가 서로의 마음을 먼
저 알아 한마음으로 새로운 세상을 만들어가는 정신문명 세계
를 뜻한다[70] 이렇게 볼 때 '지심知心'이란 문자적으로는 마음을
아는 것이지만 달리 표현해서 마음을 깨닫는 것을 의미한다. 즉
지심대도술은 깨달음의 경지에서 펼쳐지는 후천의 문명을 총괄
해서 표현한 말이다.

위의 두 인용 구절에서 지심대도술과 관련된 공통된 내용은
'마음공부'이다. 지심대도술에 대해 앞에서는 '마음의 문을 열어
새사람이 되는 것'이라고 했고, 뒤에서는 '마음 닦은 공부'라고
밝히고 있다. 후천선경의 만사지 인간은 결코 선천의 원한과 상
극에 한정되어 그 참모습을 잃어버린 인간이 아니다. 일심 공부,

----

70) "앞으로 도술로 세상을 평정하리니 도술정부가 수립되어 우주 일가를 이루
리라. 선천은 기계선경機械仙境이요 후천은 조화선경造化仙境이니라."(7:8:1-3)

시천지 조화공부로 새로운 시대를 여는 참인간이 바로 만사지 인간인 것이다. 이러한 설명은 만사지, 지심대도술, 마음공부 등의 표현을 통해 목적하는 바가 무엇인지를 유추하게 해준다. 그것은 곧 만사지의 새로운 인간으로 거듭나서 지심대도술을 열어 후천선경의 새로운 문화를 건설하는 것이다. 후천선경, 지심대도술, 만사지 문화의 특징이 바로 인화극락人和極樂'이다.[71]

앞의『도전』구절에서 인용한 바 '인화극락'은 매우 중요한 의미를 갖는다. 선천의 닫힌 세상, 삼계가 소통을 하지 못한 불화와 부조화의 세상을 벗어나 도달하는 새로운 세상, 후천선경의 모습을 가장 잘 나타내는 말이 바로 인화극락이다. 이는 곧 사람과 사람이 서로 마음을 열고 화해와 조화의 관계를 만들어 가는 세상을 말한다. 즉 인간사회가 만들 수 있는 가장 아름다운 세상을 말한다. 그 바탕이 바로 만사지이다. 따라서 우리는 만사지 문화와 후천선경의 필연적 관련성을 찾게 되었다. 이는 만사지를 통해 모든 것을 깨닫는 인식론적 경지를 넘어서, 인간과 인간이 서로 조화를 이루어 상생의 삶을 사는 세상, 그 세상을 열어가는 필연적 조건이 만사지이다. 만사지의 의미를 좀 더 분명하

---

71) 앞세상에는 사람들이 모두 앉아서 만 리를 보고 스스로 모든 것을 아는 만사지 문화 가 열립니다. 이 만사지 문화를 상제님과 태모님께서는 '지심대도술'이라고도 하셨습니다. 선천은 금수대도술 시대입니다. 즉 선천의 문화는 인간이 짐승의 탈을 벗어 나가는 과정이었습니다...하지만 후천에는 모든 사람이 마음의 장벽을 열게 되므로 인간이 인간의 마음, 천지의 마음, 만물의 마음을 환히 다 보고 알아 버립니다.(안경전,『천지성공』, p. 301.)

게 밝혀주는 또 다른 개념이 '중통인의'이다.

> 예로부터 상통천문上通天文과 하찰지리下察地理는 있었으
> 나 중통인의中通仁義는 없었나니 내가 비로소 인의를 통
> 하였노라.(2:22:3-4)

상통천문과 하찰지리는 하늘과 땅의 이치를 아는 것을 말하며
이는 감성과 이성의 과학문명으로 얻을 수 있는 영역이다. 그래
서 선천에서도 상통천문과 하찰지리가 있었다고 말하는 것이다.
천지의 이치에 대한 인식은 이미 철학적으로 그리고 과학적으로
밝혀진 내용이다. 그러나 그 한계를 넘어선 인식은 선천에서 불
가능하였다. 그것이 바로 중통인의이다. 중통인의는 인간의 마
음, 역사문제까지 신도의 조화로 풀어내는 깨달음이다. 이 중통
인의는 아직까지 그 누구에 의해서도 알려진 바가 없었다. 오직
삼계대권을 주재하는 상제의 권능으로 인간의 존엄과 가치, 그
리고 그 역할 등에 대한 모든 것이 밝혀지게 되었다.

> 선천에는 평생 수도를 해도 도통을 이루지 못하는 자가
> 대부분이었다...선천의 도통이란 천지만물의 이치와 신
> 도에 통하여 지혜와 덕을 갖춘 인격체로 완전한 생명개
> 벽을 실현하고 천지의 심법을 득하는 것이다...그런데 증
> 산 상제님이 말씀하시는 도통은 선천 성자들이 이룩한
> 도통과는 차원이 다르다. 상제님의 도통은 한마디로 천

지의 조화법을 쓰는 인간 성숙의 '중통인의'이다.[72)]

마음에 대한 깨달음, 단지 마음의 본성에 대한 깨달음이 아니라 일심과 일심을 가진 인간, 그리고 그 인간이 후천개벽을 맞이하여 이루어야 할 역할 등을 모두 통하는 것, 즉 천지조화에 통하는 것, 그것이 바로 중통인의라고 할 수 있다. 『증산도 도전』에서는 중통인의에 대한 각주에서 다음과 같이 말한다.

모든 인간이 마땅히 가야 할 올바른 생명의 길에 대한 궁극적인 깨달음. 천문과 지리를 통하고 천지의 열매인 인간의 도리에 통하여 인류 구원을 성취할 수 있는 가을 철의 성숙한 도통을 말한다.[73)]

중통인의는 증산 상제의 궁극적 도통의 경계이지만 후천 인간이 이루어야할 도통의 목적이기도 하다. 즉 중통인의는 모든 인간이 마땅히 가야할 생명의 길에 대한 깨달음이며, 이는 결국 만사지와 서로 상통하는 것이다. 중통인의와 만사지는 모두 후천 선경을 건설하는 인간이 가져야할 깨달음의 절대경지이기 때문이다.

중통인의란 하늘의 이치를 통하는 상통천문과 땅의 이치를 꿰뚫는 하찰지리에서 더 나아가 천리와 지리에 바

---

72) 안경전, 『개벽실제상황』, p. 496.
73) 『증산도 도전』 p. 135. 2:22:3에 대한 각주.

탕을 두고 전개되는 인간의 역사문제까지 통찰하여 이를 신도의 조화로 끌러내고 가을 문화의 새역사를 경영할 줄 아는 최상의 도통경계를 말한다.[74]

이제 우리는 만사지의 인식론적 의미를 넘어서 새로운 의미, 즉 실천적 의미를 만나게 된다. 만사지는 깨달음이기도 하지만 이를 넘어서 후천선경 건설이라는 실천적 의미를 가진다. 그 실천적 의미는 곧 '만사지 공부'를 통해 새로운 인간으로 태어나, 서로 서로 각자 마음을 열어 온전히 하나가 되어 상생의 새 세상을 열어가는 것이며, 이로 인해 모든 사람이 후천선경건설의 주역이 되는 것이다.[75]

증산 상제는 만사지 문화를 여는 소중한 주문으로 시천주 주문을 전한 것이며, 그래서 이 시천주 주문을 '우주영가'라고 부르고 있다. 그 뜻은 '궁극의 깨달음으로 새 인간이 되어 후천선

----

74) 안경전, 『개벽 실제상황』, p. 497.
75) 이와 관련하여 『환단고기』 「단군세기」에서는 다음과 같이 기록한다. 이 글은 염표문의 일부인데 염표문은 '마음속에 지닌 큰 뜻을 드러낸 글'이란 뜻으로 배달을 건국할 때 환웅천황이 환국의 마지막 환인천제로부터 전수받은 개국이념인 홍익인간을 열어섯 글자의 대도이념으로 정리한 것이 그 시초이다. 여기에 도해 단군이 천지인의 창조정신과 목적을 덧붙여 백성들이 마음에 아로새겨 생활화해야 할 글로 내려 주었다.(안경전 역주, 『환단고기』, p. 365 참조.) "사람은 천지의 지혜와 능력이 있어 위대하니, 그 도는 천지의 업을 이루는 것으로 원융무애하며, 그 해야 할 일은 서로 협력하여 온 세계가 하나 되게 함이니라. 그러므로 삼신께서 참마음을 내려주셔서 사람의 본성은 본래 신의 광명에 통해 있으니 삼신의 가르침으로 세상을 다스려 깨우쳐서 천지광명의 뜻과 대이상을 성취하는 홍익인간의 길을 갈지이다.(人은 以知能爲大하니 其道也擇圓이오 其事也協一이니라. 故로 一神降衷 하사 性通光明하니 在世理化하야 弘益人間하라. 『환단고기』 「단군세기」)

경을 건설하는 우주노래'일 것이다. 우리는 여기서 시천주 주문
이야말로 우주의 가장 아름다운 모습인 후천선경을 여는 주문
이며, 이것이 바로 만사지의 궁극적 의미임을 깨닫게 된다.

주 우 영 가
宙宇詠歌

시 천 주 조 화 정 영 세 불 망 만 사 지
侍天主造化定永世不忘萬事知

지 기 금 지 원 위 대 강
至氣今至願爲大降 (9:218:2)

대원사 칠성각

한민족 고유의 인식론,
영식靈識, 지식知識, 의식意識

『환단고기』에서는 밝은 지혜를 가진 만사지의 인간을 일러 태일太─이라고 부른다. 물론 태일은 삼신三神이 드러난 하나의 위격이다. 그 태일은 천지인天地人 삼재에서 인사에 해당하는 위격이다. 그래서,

稽夫三神 曰天一曰地一曰太一
계 부 삼 신 왈 천 일 왈 지 일 왈 태 일
天一主造花 地一主敎化 太一主治化
천 일 주 조 화 지 일 주 조 화 태 일 주 조 화

삼신은 천일과 지일과 태일이시다. 천일은 조화를 주관하시고, 지일은 교화를 주관하시고, 태일은 치화를 주관하신다.(『삼신오제본기』)

라고 하였다. 인간은 이러한 삼신의 성품을 고루 받은 유일한 존재이다. 이를 『환단고기』에서는,

夫三神一體之道 在大圓一之義 造化之神降爲我性
부 삼 신 일 체 지 도 재 대 원 일 지 의 조 화 지 신 강 위 아 성
敎化之神降爲我命 治化之神 降爲我精
교 화 지 신 강 위 아 명 치 화 지 신 강 위 아 정
故惟人爲最高貴最尊於萬物者也
고 유 인 위 최 고 귀 최 존 어 만 물 자 야

대저 삼신일체의 도는 무한히 크고 원융무애하며 하나 되는

정신에 있으니 조화신이 내몸에 내려 나의 성품이 되고, 교화신이 내 몸에 내려 나의 성품이 되고, 교화신이 내려 삼신의 영원한 생명인 나의 목숨이 되며, 치화신이 내려 나의 정기가 된다. 그러므로 오직 사람이 만물 가운데 가장 고귀하고 존엄한 존재가 된다.(『단군세기』)

즉 인간의 몸 속에는 삼신의 생명과 신성, 지혜가 성性, 명命, 정精으로 살아 숨쉬고 있으며 이 세 가지를 인간 본체의 참된 것이라고 하여 삼진三眞이라고 한다. 그러므로 인간은 단순히 만물과 같은 피조물이 아니라 삼신의 형상을 받은 삼신적 존재인 것이다. 그리고 이러한 인간은 천지의 목적과 이상을 실현하는 주체가 되기에 가장 존귀한 존재라고 하며, 이를 삼신의 한 위격을 빌어 태일인간이라고 하는 것이다. 『환단고기』에 의하면 인간과 만물은 모두 삼신으로부터 삼진을 부여받았지만 인간은 온전히 모두 부여받은 반면 다른 만물은 치우치게 받았다는 점이 다르다. 그런데 인간이 삼진을 온전히 부여받았으나 지상에 육체를 가진 존재로 태어나면서 심기신心氣身 삼망三妄을 동시에 부여받게 된다.

人物同受三眞 惟衆迷地三妄着根
인 물 동 수 삼 진　유 중 미 지 삼 망 착 근
眞妄對作三途 曰性命精 人全之物偏之
진 망 대 작 삼 도　왈 성 명 정　인 전 지 물 편 지

사람과 만물이 다 삼진을 부여 받았으나, 오직 사람만이 지상

에 살면서 미혹되어 삼망-심기신-이 뿌리를 내리고, 이 삼망이 삼진과 서로 작용하여 삼도-감식촉-의 변화 작용을 짓게 되느니라. 삼진은 성명정이니 사람은 이를 온전히 다 부여받았으나 만물은 치우치게 받았느니라.

심기신心氣身은 감식촉感息觸의 작용을 하게 되는데 감식촉은 인간의 본능이면서 이를 잘 다스려 성명정의 경계에 들어 참된 깨달음의 본성을 회복해야 한다. 이를 『환단고기』는 『대변경大變經』을 인용하여,

性命精爲三關 關爲守神之要會 性不離命 命不離性
성 명 정 위 삼 관　관 위 수 신 지 요 회　성 불 리 명　명 불 리 성
精在其中 心氣身爲三房 房爲化成之根源
정 재 기 중　심 기 신 위 삼 방　방 위 화 성 지 근 원
氣不離心 心不離氣 身在其中 感息觸爲三門
기 불 리 심　심 불 리 기　신 재 기 중　감 식 촉 위 삼 문
門爲行途之常法 感不離息 息不離感 觸在其中
문 위 항 도 지 상 법　감 불 리 식　식 불 리 감　촉 재 기 중
性爲眞理之元關 心爲眞神之玄房
성 위 진 뢰 지 원 관　심 위 진 신 지 현 방
感爲眞應之妙門 究理自性眞機大發
감 위 진 응 지 묘 문　구 리 자 성 진 기 대 발
存神求心眞身大現 化應相感眞業大成
존 신 구 심 진 신 대 현　화 응 상 감 진 업 대 성

성품(性)과 목숨(命)과 정기(精)는 신과 합일되기 위해 반드시 굳게 지켜야 할 '세 관문'이니, 관문이란 신을 지키는 가장 중요한 길목을 말한다. 성품은 타고난 목숨과 분리될 수 없고, 목숨은 타고난 성품과 분리될 수 없으니, 성과 명의 중심에 정

기가 있다. '마음(心)과 기운(氣)과 몸(身)'은 신이 머무는 '현묘
한 세 방(三房)'이니, 방이란 변화를 지어내는 근원을 말한다.
기는 마음을 떠나 존재할 수 없고, 마음은 기를 떠나 있을 수
없으니, 마음과 기의 중심에 우리의 몸이 있다. '느낌(感)과 호
흡(息), 촉감(觸)'은 신의 조화 세계에 들어갈 수 있는 '세 문호
(三門)'이니, 문이란 삼신의 도를 실행하는 영원불변의 법도이
다. 감각은 호흡작용과 분리되지 않으며, 호흡 작용은 감각과
분리되지 않나니, 촉감이 그 가운데에 있는 것이다. 성품(性)
은 진리를 체험하는 으뜸 관문이요, 마음(心)은 참신이 머무시
는 현묘한 안식처요, 느낌(觸)은 삼신상제님의 성령이 감응하
는 오묘한 문이다. 그러므로 이치를 탐구할 때 너의 성품에서
구하면 삼신의 참 기틀이 크게 발현되고 삼신의 보존을 마음
에서 구하면 참 몸인 너의 참모습에 크게 드러나고 삼신 성령
에 응하여 서로 느끼게 되면 천지대업을 크게 이루리라."(『삼
신오제본기』)

라고 하였다. 『대변경』은 우주적 진리의 대의를 기술한 책이
다. 삼진인 성명정은 삼신에게서 품부받은 인간의 본체인데 이
는 인간이 깨달음에 이르기 위해 반드시 지켜야할 중요한 관문
이라는 것이다. 심기신은 인간으로 태어나면서 가지게 되는 인
간의 굴레이지만 이 삼망은 반드시 신이 머물도록 해야 하는데
그런 의미에서 삼방이라고 부른다. 그리고 심기신의 근본 작

용인 감식촉은 그 경지를 순수하게 해서 신과 조화되는 단계에 도달할 수 있는 수단이 되므로 이를 삼문이라고 부른다. 인간이 삼신에게서 품부받은 바 성(본성)은 진리를 깨닫는 본체이고 인간으로 태어난 얻게되는 마음(본심)은 신과 하나되어 신성을 받아들이는 현묘한 방이며, 깨달으로 가는 삼도 중에서 감(본감, 영감)은 삼신의 성령을 감응하는 문이다. 이 삼진과 삼망과 삼도를 진실되이 잘 발현할 때에 우리 인간은 깨달음의 궁극의 경지에 이르게 되며, 태일인간으로 거듭날 수 있다. 그래서 『삼일신고』에서는 감식촉의 현묘한 작용으로 삼망을 진실되이하고 그 결과 원래 삼신으로부터 부여 받은 삼진을 회복하는 것을 이르러 '성통공완'이라고 한 것이다. 즉,

哲止感調息禁觸 一意化行改妄卽眞
철 지 감 조 식 금 촉 일 의 화 행 개 망 즉 진
發大神機 性通功完是
발 대 신 기 성 통 공 완 시

철인(태일인간)은 감정을 절제하고 호흡을 고르게 하며, 촉감과 자극을 억제하며 오직 한 뜻으로 매사를 행하고 삼망을 바로잡아 삼진으로 나아가 비로소 자신 속에 깃들어 있는 대신기를 발현시키나니 삼신이 부여한 대광명의 성품을 깨닫고 그 공덕을 완수한다는 것은 바로 이를 두고 하는 말이다.(『삼일신고』)

고 한 것이다. 이렇게 볼 때 삼진, 삼망, 삼도에서 인간 인식의

궁극적 실천은 삼도, 즉 감식촉을 잘 발현하여 그 순수한 경지에 드는 것이 깨달음의 관건이라 할 수 있다. 감식촉의 발현으로 도달하게 되는 인식의 세 경지를 『환단고기』에서는 영지의 삼식(靈識, 智識, 意識)으로 구분한다. 이 세가지 인식의 주체는 영혼, 각혼, 생혼이라고 부르는데 이는 결국 심기신의 다른 별칭으로 이해된다. 이 세가지 인식은 이 책에서 구분하는 인식의 세 단계와 일치하는데 영식은 깨달음, 즉 도통이며, 지식은 직각 혹은 직관적 인식이며, 의식은 추론적 인식을 말한다. 즉 영식은 삼신의 성령을 받아 만물의 참모습을 밝게 아는 것이며, 지식은 이론적 인식이 아닌 지혜로의 인식인데 각혼의 작용으로 감각과 논리를 떠나 그 본체를 바로 아는 것이며, 의식은 감성과 오성의 작용으로 알게 되는 현상적 인식을 말한다. 영식, 지식, 의식의 각 단계를 이해하기 위해서는 삼진, 삼망, 삼도를 서로 분리해서 이해할 수 있어야 하며 그 인식작용의 결과로서 영식, 지식, 의식의 구분이 가능하다.

신인합일의 영성문화가 열린다

영성이 밝게 열린 광명문화, 신일합일 문화, 그리고 만사지 문화는 후천선경의 정신문화를 상징하는 서로 다른 표현의 같은 의미를 갖는 개념들이다. 신인합일이란 신과 인간이 서로 소통한다는 뜻이다.[1] 특히 인간의 측면에서 신과 인간이 소통하는 것을 말하며, 결국 신성을 회복한 인간의 특성을 표현하는 말이다.

증산 상제는 후천 세상을 인존시대라고 하였다. 인존시대는 곧 인간이 가장 위대한 존재임을 뜻한다.

> 천존天尊과 지존地尊보다 인존人尊이 크니 이제는 인존시
> 대人尊時代니라. 이제 인존시대를 당하여 사람이 천지대
> 세를 바로잡느니라. (2:22:1-2)

인존시대에서 인간은 신과 합일하여 후천개벽을 실현하는 주체가 된다. 인존이란 말에는 인간이 존귀하다는 의미와 함께, 인간의 신성성이 강조되면서 또한 인간이 선경을 건설한다는 실천적 의미가 동시에 포함되어 있다.[2]

----

1) "선천에는 사람이 신명을 받들어 섬겼으나 앞으로는 신명이 사람을 받드느니라. 후천은 언청계용신言聽計用神의 때니 모든 일은 자유 욕구에 응하여 신명이 수종 드느니라."(7:5:7-9)
2) 『증산도 도전』, p. 135. 인존의 의미에 대해 측주에서 "인간이 우주에서 가장

신과 인간이 서로 소통할 수 있는 것은 후천에서는 인간의 신성이 발현되어 원래의 밝은 마음의 본성을 회복하기 때문이다. 이러한 마음의 밝고 밝은 본성을 회복한 인간이 만들어가는 후천문화를 영성문화, 혹은 광명문화라고 한다. 감성과 이성 위주의 과학문명에서 한 단계 뛰어넘어 신성과 영성으로 열어나가는 정신문화의 극치가 바로 후천선경이다.

인존시대에는 인간이 중통인의의 도통으로 신인합일의 주체가 되어 만사를 다스린다. 선천에는 인간이 신명을 받들었으나 앞으로는 신명이 인간을 받드는 것이다...인간이 이성적 사유를 뛰어넘어 능히 자연의 이법과 신도의 성령에 통하여 자유자재로 창조와 변화를 짓는 조화문명 시대이다.[3]

이처럼 인존시대는 인간이 이성적 사유의 경계를 뛰어넘어 천지 이치에 통하고 신도에 통하여 영성이 극치로 밝아진 시대이다. 지금까지의 논의 결과 그러한 영성문화를 가능하게 하는 것이 바로 만사지임을 알 수 있었다. 『개벽 실제상황』에서는 영성문화와 만사지 문화의 연관성을 다음과 같이 말한다.

존엄하다는, 우주의 새 개벽천지를 여는 하느님의 선언이다. 곧 역사의 주체는 오직 인간이며 우주 내의 모든 문제는 '인간이 주인이 되어 극복해야 한다.'는 말씀으로, 다가오는 후천세계는 인사人事가 주체가 되고 인사와 신도가 일체되어 전 우주를 주관하게 된다."라고 하였다.
3) 안경전, 『개벽 실제상황』, p. 485.

천지의 중앙이 곧 마음이다. 그런데 선천의 닫힌 우주에
서는 마음 문이 닫혀서 자기중심으로 살 수밖에 없었다.
여기서 온갖 갈등과 모순, 대립이 싹텄으며 급기야 원과
한을 낳기에 이르렀다. 그러나 후천 가을에는 마음 문이
열려 인간이 온 우주와 교감하며 만물의 신성과 대화하
는 고도의 영성문화, 천지일심문화가 열린다. 인간이 살
아 있는 조화성신 자체가 되어 그 의식이 전 우주에 울려
퍼지므로 언제 어디에 있어도 인간과 인간, 인간과 신명
이 서로 의사소통을 한다. '시공을 초월한 영적 커뮤니케
이션 대혁명'이 일어나는 것이다. 이른바 '만사지 문화'
이다. [4]

　　우리는 앞에서 만사지를 곧 깨달음과 도통으로 활짝 열린 인
식의 경지로 정의했다. 그리고 만사지로 인해 새로운 인간으로
거듭난다는 것을 살펴보았다. 그 새로운 인간은 깨달음에 이르
러 신성이 열리고 영성이 밝아진 인간이다.[5] 이렇게 볼 때 만사
지란 간단하게 표현하면 인간과 인간이 서로 조화를 이루어 상
생의 소통을 이루고, 신과 인간이 서로 교감하여 합일된 상태이

---

4) 안경전, 『개벽실제상황』, p. 484.
5) 앞에서 깨달음에 이른 이 새로운 인간을 태일太一이라고 했다. "인간이 지닌 근
원적인 본심이 태양처럼 천지를 밝히고, 그러한 본래 마음의 광명을 열어 천지와
하나로 통하여 태일의 인간이 될 수 있음을 선언하고 있다. 태일의 광명 인간이
되어야 인간은 비로소 천지일심의 경계에 들어갈 수 있는 것이다."(안경전 역주,
『桓檀古記』, p. 369.)

다. 이것이 바로 후천 영성문화의 참모습이다. "앞으로 다가오는 만사지 문화는 타에 의존하지 않고 신명과 내 자신이 합일되어 내 스스로가 그냥 아는 것이다."[6]

조화선경에서는 모든 일이 '신명조화'(2:21:2)로 이루어진다. 크고 작은 일을 막론하고 신명조화로써 행하면 현묘불측한 천지성공을 거둘 수 있기 때문이다. 따라서 조화문명에선 신명과 인간이 합일하여 인간에 깃들어 있는 신령스러운 조화역량이 온전히 발휘되는 데, 이런 문명을 신인합일, 신인합발, 도술문명이라고 한다. 도술문명은 인간이 모든 것과 하나가 되는 도를 통하여 모든 것을 자유자재로 변화시킬 수 있는 신묘한 조화의 기틀을 맘껏 펼칠 수 있는 문명을 말한다.[7]

> 개벽하고 난 뒤에는 좋은 세상이 나오리니, 후천 오만년 운수니라. 그 때는 사람과 신명이 함께 섞여 사는 선경세계가 되느니라.(『도전』, 11:111)

신일합일을 통한 영성문화와 도통을 통한 만사지 문화는 후천선경에서 새로운 인간상을 의미하는 것이지만 문제는 단순히 영성을 회복한 인간, 도통한 인간으로서 새로운 인간을 의미하는 것은 아니다. 여기서 영성문화와 만사지 문화의 특징은 인식론적으로 확장된 인간의 상태를 넘어서 새로운 세상을 건설하는

----

6) 안운산, 『춘생추살』, 서울: 대원출판, 2007, p. 279
7) 원정근, 『천지공사와 조화선경』, p.95-96.

주체로서의 의미에서 찾을 수 있다. 이른바 지행합일知行合一이다.

> 나의 도는 천하의 대학大學이니 장차 천하창생을 새 사람
> 으로 만들 것이니라.(2:79:1)

대학이라는 것은 대인의 배움이다. 대인의 배움은 세속적인 목적을 위한 공부가 아니라 천지와 하나 되는 공부를 하는 것이다. 즉 하나님의 신교를 받아 내리고 하늘땅과 인간의 이치를 관통하여, 천지의 꿈과 이상을 역사 속에서 성취하는 진정한 대행자가 되는 공부를 하는 것이다.[8] 소크라테스는 앎에서 실천이 나온다고 했다. 물론 여기서 앎은 가장 근원적인 지식을 의미하고, 그러한 인식을 가진 상태에서 인식에 기초한 올바른 행위가 나온다는 것이다. 예를 들어 '용기'라는 개념에 대한 구체적 사례에 대한 인식이 아니라 용기 그 자체에 대한 근원적 인식에서 용기 있는 행동이 나온다고 하였다. 만사지의 결론 또한 실천으로 이어질 때 참다운 가치가 있는 것이다.

최수운은 만사지에 대한 해석에서 '지'의 궁극에 이르면 우리 인간은 '지화지기지어지성至化至氣至於至聖' 즉 지극한 기운에 지극히 화하여 성인의 경지에 이른다고 하였다. 여기서 '지기에 화한다'는 뜻은 '상제의 지극한 기운으로 조화의 경지에 다다른다.'는 말로 설명할 수 있다. 즉 '만사지'로서 인간은 이제 새로운

....
8) 안경전, 『이것이 개벽이다』 하, p. 299.

인간의 경지, 조화의 경지에 도달한다. 이러한 경지의 새로운 인간에 대해 수운은 '성인'이라고 부른다. 그렇다면 만사지의 궁극적 목적은 상제님을 믿는 모든 백성들이 시천주를 통해서 성인 군자가 될 수 있다는 것에서 찾을 수 있을 것이다. 성인은 단순히 '아는 자'가 아니라 도와 덕을 '실천하는 자'를 말한다.[9] 특히 『도전』의 다음 구절은 도통과 함께 실천의 중요성을 역설한 말이다.

> '도지근원 안다해도 행行할 길이 최난最難이라' 하였나니
> 구슬이 서 말이어도 꿰지못하면 보배가 되지 못하느니
> 라.(8:103:5)

시천주 주문을 통해 만사지의 경지에 이르고 또 그렇게 하여 도의 근원을 알았다 하더라도 문제는 그 도의 경계에서 새로운 세상, 아름다운 세상을 열어가는 주체가 되지 못한다면 그 만사지란 꿰지 않은 구슬에 불과한 것이다. 만사지에 이른 사람은 자연스럽게 그 깨달음이 실천으로 연결될 때 그 깨달음이 가치가 있고 의미가 있다는 뜻이다. 이러한 위대한 실천적 존재로서 만사지의 인간을 안경전 증산도 종도사는 '태일太一'인간이라고 부

9) 유철, 「동학의 시천주 주문」, p. 88. 물론 이 때 말하는 성인은 단순히 유가에서 말하는 '도덕적 완성자'로서의 성인이나 혹은 군자에 한정되지 않는다. 오히려 수운이 지향하는바 성인이란 '교훈가'에서 말하듯이 '지상신선'의 경지, '도통자'의 경지를 말한다. "그러므로 사람은 군자가 되고 학은 도덕을 이루었으니 도는 천도요 덕은 천덕이라. 그 도를 밝히고 그 덕을 닦음으로 군자가 되어 지극한 성인에 까지 이르렀으니..."(「포덕문」)

른다.

> 삼신께서 인간에게 참마음을 내려 주셨기 때문에 인간
> 의 본성은 원래부터 신의 광명에 통해 있다. 이 신의 광
> 명은 곧 우주가 열리기 전부터 우주를 가득 채우고 있던
> 대광명이다...이렇게 신령한 인간을 삼신의 가르침으로
> 다스려 일깨워서 천지의 뜻과 대이상을 펼치는 존재가
> 되게 하는 것, 다시 말해서 인간을 진정한 태일이 되게
> 하는 것...이러한 홍익인간의 도를 실천하는 인간이 곧
> 우주의 광명 인간이자 태일이다. 이 태일의 존재가 될 때
> 만물의 영장인 인간의 위격이 마침내 바로 서게 되는 것
> 이다.[10]

태일은 궁극적으로 깨달은 인간이면서 새로운 세계를 건설하
는 완성된 인간을 말한다. 여기서 인간세상을 널리 이롭게 하는
홍익인간은 곧 태일 인간이며 천지의 뜻과 이상을 펼치는 존재
이다.

심 행 선 지 후 각 원 형 이 정 포 교 오 십 년 공 부
審行先知後覺元亨利貞布教五十年工夫(6:76:3)

선지후각을 설명하는 위의 『도전』구절에서 또 하나 중요한 포
인트는 바로 '심행'에서 '행'이다. 행은 곧 실천을 의미한다. 선지
후각을 실천하라는 뜻도 되지만, 다른 한편 학문적 지식을 쌓은

----

10) 안경전 역주,『환단고기』「해제」참조.

후에 깨달음으로 나아가고, 그 다음 깨달은 바를 행하라는 뜻으로 이해할 수 있을 것이다. 깨달음 없는 앎이란 맹목적이고, 실천이 없는 깨달음 또한 무의미할 것이기 때문이다.

> 상제님의 도를 받고 나면 천지 일꾼이 됩니다. 그 전까지는 한 집안이나 한 나라의 일꾼일 뿐이었지만, 상제님의 도생이 되면 하늘과 땅, 온 우주에서 쓰임을 받는 일꾼이 됩니다. 곧 선천 인간 역사를 끝마무리 짓는 일꾼으로서 가을개벽을 극복하고 지구촌 형제들을 의통성업으로 살려 내어 후천 5만년 지상선경을 건설하는 주인공이 되는 것입니다.[11]

그렇다면 그 실천이란 무엇인가? 이는 앞에서 말한바와 같이 서로의 마음을 열고 밝은 영성으로 신인합일하여 후천선경을 건설하는 것이다. 특히 모든 인간이 깨달음을 얻어 서로 조화하고 상생하여, 상극의 선천문화를 개벽하여 천지만물과 조화하고 인간 서로 간에 인화하여 대립과 원한이 없는 세상을 만드는 것, 그것이 만사지가 도달해야할 궁극의 경지이다. 후천에 건설되는 후천선경이며, 존재하는 모든 것들이 서로 조화를 이루는 조화선경이며, 저세상이 아니라 우리가 살아가는 이 지상에 건설되는 현실선경이며,[12] 나아가 모든 인간이 서로의 마음을 열고 화

---

11) 안경전, 『천지성공』, p. 320.
12) 안운산, 『춘생추살』, p. 298. "다음 세상은 어떠한 세상이 펼쳐지느냐 할 것 같으면, 알건 모르건 현실적으로 지상선경이 펼쳐진다. … 또한 현실선경이다. 무슨

합하는 인화선경이다.『도전』에서는 이러한 선경의 모습을 다음과 같이 묘사한다.

> 후천에는 만국이 화평하여 백성들이 모두 원통과 한恨과 상극과 사나움과 탐심과 음탕과 노여움과 번뇌가 그치므로 말소리와 웃는 얼굴에 화기和氣가 무르녹고 동정어묵動靜語默이 도덕에 합하며, 사시장춘四時長春에 자화자청自和自晴하고, 욕대관왕浴帶冠旺에 인생이 불로장생하고 빈부의 차별이 철폐되며, 맛있는 음식과 좋은 옷이 바라는 대로 배달이 칸에 나타나며 운거雲車를 타고 공중을 날아 먼 데와 험한 데를 다니고 땅을 주름잡고 다니며 가고 싶은 곳을 경각에 왕래하리라. 하늘이 나직하여 오르내림을 뜻대로 하고, 지혜가 열려 과거 현재 미래와 시방세계十方世界의 모든 일에 통달하며 수화풍水火風 삼재三災가 없어지고 상서가 무르녹아 청화명려淸和明麗한 낙원의 선세계仙世界가 되리라.(7:5:1-6)

이러한 세상은 사시장춘의 아름다운 자연과 불로장생하고 빈부차별이 없는 평화로운 세상이다. 그리고 특히 이 후천선경은 모든 인간이 서로 화평하여 상극이 없는 세상이다. 자연개벽과 문명개벽과 인간개벽, 이 세 가지 개벽이 함께 할 때 후천선경은

꿈속의 선경이 아니고, 우리가 생존하는, 현실적으로 느끼면서 사는 현실선경이다. … 또 사람들이 도통을 했기 때문에 조화선경이라고도 한다."

이 땅에 건설될 수 있다. 특히 인간개벽은 그 모든 것의 중심에 있으며, 인간개벽의 핵심은 만사지에 이르는 것이다.

> 상제님께서 천지공사로써 예정하신 후천선경은 우주가
> 한 집안 문명권으로 통일되는 조화와 상생의 세상이요,
> 물질문명과 정신문명이 합일되어 일류의 꿈과 이상이 이
> 루어지는 만사여의의 세상입니다.[13]

---

13) 안경전, 『증산도의 진리』, p. 397.

참고문헌

경전류

- 『증산도 도전』(증산도 도전편찬위원회)
- 『동경대전』(최제우)
- 『용담유사』(최제우)
- 『성서』
- 『환단고기』(안경전 역주)

단행본

- 김재권,『심리철학』, 하종호 김선희 역, 서울: 철학과 현실사, 2004.
- 김효명,『영국경험론』, 서울: 아카넷, 2001.
- 문계석,『생명과 문화의 뿌리 삼신』, 대전, 상생출판, 2011.
- 안경전,『이것이 개벽이다』하, 서울 : 대원출판, 2010.
- _____,『증산도 기본교리2』, 서울: 대원출판, 2007.
- _____,『증산도의 진리』, 서울: 대원출판, 2002.
- _____,『천지성공』, 서울: 대원출판, 2010.
- 안운산,『춘생추살』, 서울: 대원출판, 2007.
- 양우석,『천국문명을 건설하는 마테오리치』, 대전: 상생출판, 2008.
- 원정근,『천지공사와 조화선경』, 대전: 상생출판, 2011.
- 이어령,『지성에서 영성으로』, 서울: 열림원, 2010.
- 임석진 외,『철학사전』, 서울: 중원문화, 1987.
- 표영삼,『수운의 삶과 생각 동학1』, 서울: 통나무, 2004.

- 한동석,『우주변화의 원리』, 서울: 대원출판, 2001.

- B. Russell, *The problems of Philosophy*, 황문수역,『철학이란 무엇인가』, 서울: 문예출판사, 1989.

- D. Hume, *A treatise of Human Nature*, 이준호 역,『오성에 관하여』, 서울: 서광사, 1994.

- Descartes, 김형효 역,『방법서설, 성찰, 정념론 외』, 서울: 삼성출판사, 1988.

- _____, 이현복 역,『방법서설, 정신지도를 위한 규칙들』, 서울: 문예출판사, 1997.

- F. Copleston, *A history of philosophy*, 김성호 역,『합리론』, 서울: 저광사, 1994.

- F. Capra, *Belonging to Universe*, 김재희역,『신과학과 영성의 시대』, 서울: 범양출판사, 1999.

- G. Berkeley, *A treatise concerning the principles of human knowledge* in *A New Theory of Vision and other Writings*, London J. M. Dent & Sons LTD, New York, 1957.

- H. P. Deurr, *Gott, der Mensch und die Wissenschaft*, 이상훈역,『신, 인간 그리고 과학』, 서울: 시유시, 2001.

- J. I. Packer, *KNOWING GOD*, 정욱배 역,『하나님을 아는 지식』, 서울: IVP, 2005.

- Norman N. Geisler, 위거찬 역,『기독교 철학개론』, 서울: CLC, 2012.

- I. Kant,『순수이성비판』, 최재희 역, 서울: 박영사, 1986.

- J. F. Hayght, *Science & Relegion*, 구자현 역,『과학과 종교』, 서울: 코기토, 2003.

- J. Kalvin, 원광연 역, 『기독교 강요』, 서울: 크리스챤다이제스트, 2008.
- J. Locke, *An Essay concerning Human Understanding*, Edited by Peter H. Nidditch, Oxford Univ. Press. 1975.
- Ken Wilber, *Eye to Eye: The quest for the new paradigm*, 김철수 역, 『아이 투 아이』, 서울: 대원출판, 2004.
- _____, *The inegral vision*, 정창영 역, 『켄 윌버의 통합비전』, 서울: 물병자리, 2008.
- _____, *The Marridge of Sense and Soul*, 조효남 역, 『감각과 영혼의 만남』, 서울: 범양사, 2000.
- Samuel E. Stempf, *A History of Philosophy*, 이광래역, 『서양철학사』, 서울: 종로서적, 1998.
- S. Hawking, *A brief history of time*, 현정준 역, 『시간의 역사』, 서울: 청림출판, 1990.
- _____, *The Grand Design*, 전대호역, 『위대한 설계』, 서울: 까치, 2010.
- Spinoza, 강두식 김평옥 공역, 『에티카』, 서울: 박영사, 1985.
- S. Russell, *God for 21C*, 이창희 역, 『21세기의 신과 과학 그리고 인간』, 서울: 두레, 2002.
- Platon, *Politeia*, 이병길 역, 『국가론』, 서울: 박영사, 2006.
- V. I. Lenin, 정광희 역, 『유물론과 경험비판론』, 서울: 아침, 1989.
- Wittgenstein, 김양순역, 『논리철학논고, 철학적 탐구, 반철학적 단상』, 서울: 동서문화사, 2008.

논문류

- 유철, 「칸트의 자아론」, 경북대학교 박사학위논문, 1998.
- ___, 「동학의 시천주 주문」, 증산도상생문화연구소편, 『잃어버린 상제문화를 찾아서, 동학』, 대전: 상생출판, 2010.

찾아보기